人事労務担当者必携

新版 労働基準法 実務問答 第1集

～働き方改革と感染症による休業手当Q&A～

労働調査会出版局 編

序

　昭和22年９月１日に施行された労働基準法は、いわゆる労働
３法の一つとして、施行後70年以上にわたり、前近代的な労働
関係の残滓の払しょく、労働条件の向上等に大きく寄与してき
たところです。また、その間、女性の職場進出、経済社会のサー
ビス化の進展等の流れの中で昭和62年には抜本改正が行われ、
さらに、数次の改正を経て週40時間労働制の全面的な適用等が
図られてきました。

　そして、平成30年６月の通常国会で可決・成立した働き方改
革関連法により労働基準法が大きく改正され、長時間労働の是
正を目的に時間外労働の上限規制や使用者の時季指定による年
次有給休暇の付与制度等が導入され、平成31年４月から順次施
行されています。

　本書は、弊社発行の定期誌『労働基準広報』『先見労務管理』
の労務相談室に企業の労務担当者などから寄せられた相談の中
から、労働時間や年次有給休暇、就業規則等に関する事例を中
心として精選し、問答形式で法律上の要件から実務上の処理ま
でを分かりやすく解説したもので、今回の法改正を機に、その
改正事項に係る問答を加え装いも改めました。

　本書が関係者各位に広く活用され、職場の労務管理実務に資
することを願ってやみません。

　令和２年10月

　　　　　　　　　　　　　　　　　　　　　　　　　編者

新版 労働基準法実務問答 第1集
●目次●

第3章　時間外労働と36協定

第7章　その他

第1章

労働契約

労働条件の明示、どのようにするのか

Q1　労働者を雇い入れる際には労働条件を明示しなければならないとされていますが、具体的にどのような事項を明示すればよいのでしょうか。また、これはパートタイム労働者でも同じと考えるべきなのですか。

A　賃金等6事項については必ず書面で交付

　労働基準法第15条第1項では、「使用者は、労働契約の締結に際し、労働者に対して賃金、労働時間その他の労働条件を明示しなければならない」としていて、具体的な明示事項については労働基準法施行規則第5条第1項で次のように規定しています。

① 　労働契約の期間に関する事項

② 　有期労働契約を更新する場合の基準に関する事項

③ 　就業の場所及び従事すべき業務に関する事項

④ 　始業及び終業の時刻、所定労働時間を超える労働の有無、休憩時間、休日、休暇並びに労働者を2組以上に分けて就業させる場合における就業時転換に関する事項

⑤ 　賃金（退職手当及び⑧に規定する賃金を除く）の決定、計算及び支払の方法、賃金の締切り及び支払の時期並びに昇給に関する事項

労働者本人が希望した場合には、ファクシミリや電子メールに
よる方法も許される

⑥　退職に関する事項（解雇の事由を含む）

⑦　退職手当の定めが適用される労働者の範囲、退職手当の決
　定、計算及び支払の方法並びに退職手当の支払の時期に関す
　る事項

⑧　臨時に支払われる賃金（退職手当を除く）、賞与及び労働
　基準法施行規則第8条各号に掲げる賃金（精勤手当など）並
　びに最低賃金額に関する事項

⑨　労働者に負担させるべき食費、作業用品その他に関する事
　項

⑩　安全及び衛生に関する事項

⑪　職業訓練に関する事項

⑫　災害補償及び業務外の傷病扶助に関する事項

⑬　表彰及び制裁に関する事項

⑭　休職に関する事項

　これらの事項中、①から⑥については（昇給に関する事項を除く）すべての場合に明示をしなければならないものですが、⑦から⑭については使用者がこれらに関する定めをしていない場合には、とくに明示は要しません。

　明示の方法については、労働基準法施行規則第5条第4項で、①から⑥の事項は、「労働者に対する前項に規定する事項が明らかとなる書面の交付とする」とされていますので、書面を交付してこれを明示しなければなりません。

　ただし、労働者本人が希望した場合には、㋐ファクシミリによる送信や、㋑電子メール等による送信（出力して書面作成が可能なものに限る）でも構いませんが（Q2参照）、紛争の未然防止の観点から「労使双方において、労働者が希望したか否かについて個別に、かつ、明示的に確認することが望ましい」（平成30・12・28　基発1228第15号）とされています。

　また、書面の明示に当たっては、「書面の様式は自由」であり、明示方法も「当該労働者に適用する部分を明確にして就業規則を労働契約の締結の際に交付することとしても差し支えない」（平11・1・29　基発第45号）とされているところです。

　さらに、使用者は、これら明示すべき労働条件については、事実と異なるものとしてはならないとされており（労働基準法施行規則第5条第2項）、労働者は、明示された労働条件が事実と相違する場合には、即時に労働契約を解除できることになっ

ています（労働基準法第15条第2項）。

　次に、パートタイム労働者を採用する場合についてですが、パートタイム労働者であっても労働基準法第9条にいう労働者に変わるところはありませんので、労働条件の明示について正規の従業員と変わるところはありません。

　しかし、パートタイム労働者については従来から口頭による明示ですませる企業も多く、その保護に欠ける点も軽視できない状況にあります。このため、短時間労働者及び有期雇用労働者の雇用管理の改善等に関する法律（平成5年法律第76号。パート・有期雇用労働法）第6条第1項において、「事業主は、短時間・有期雇用労働者を雇い入れたときは、速やかに、当該短時間・有期雇用労働者に対して、労働条件に関する事項のうち、労働基準法……第15条第1項に規定する厚生労働省令で定める事項以外のものであって厚生労働省令で定めるもの……を文書の交付その他厚生労働省令で定める方法……により明示しなければならない」とされています。

　すなわち、労働基準法第15条第1項に基づき同法施行規則第5条第1項で掲げる事項以外のものとして、パート・有期雇用労働法施行規則第2条第1項では、①昇給の有無、②退職手当の有無、③賞与の有無、④雇用管理改善に係る相談窓口が示されており、それらの明示方法として本人が希望した場合、⑦ファクシミリによる送信や、⑦電子メール等による送信（出力して書面作成が可能なものに限る）も許されています（Q2参照）。

　また、通常の労働者と同様に、事業主はパートタイム労働者

についても、明示すべき労働条件を事実と異なるものとしては
ならないとされています（パート・有期雇用労働法施行規則第
2条第2項）。

労働条件の明示方法、携帯へのメール送信でもよいか

Q2 労働条件の明示方法についておたずねします。

平成30年に成立した働き方改革関連法により、同31年4月から従来の書面以外にも、ファクシミリや電子メール等による明示が可能になったと聞きました。

具体的には、携帯電話にメールで送信する方法でもよいということでしょうか。

・・・

A 労働者の希望とプリントアウトによる書面作成が前提

使用者に対し、労働基準法第15条第1項は、労働契約締結時に必ず明示が必要な労働条件のうち、①労働契約期間、②期間の定めのある労働契約の更新基準、③就業場所と従事業務、④始業・終業時刻、残業の有無、休憩時間、休日、休暇、交替勤務、⑤賃金（退職金、賞与を除く）の決定・計算・支払方法、賃金の締切・支払時期、⑥退職（解雇の理由を含む）――に関する事項について、「書面で交付する」ことを義務付けています。

これに対し、ご質問にある働き方改革関連法では、明示方法について定めた労働基準法施行規則が改正され、上記の「書面で交付する」方法に加え、「労働者が希望した場合」を前提に、新たに「ファクシミリ」と「電子メール等」の送信による明示方法も認められることになりました（第5条第4項ただし書き）。

　なお、電子メール等の場合は、出力して書面作成ができるものに限るという条件がつけられており、ファクシミリもそうですが、結果的には書面で交付する方法と同様の対応が求められているといえるでしょう。

　従来、パートタイム労働者や派遣労働者に関しては、一部特記事項等についてのみ同様の措置が可能でしたが、これにより、書面で交付すべき事項のすべてが対象になったわけです。

　ところで、電子メール等による新しい取扱いについて、厚生労働省の行政解釈（平30・12・28　基発1228第15号）をみると、まず、可能とされるのは、改正後の労働基準法施行規則第5条第4項第2号では「電子メールその他のその受信をする者を特定して情報を伝達するために用いられる電気通信の送信の方法」となっていますが、「電子メール」には、具体的にはパソコン・携帯電話端末によるEメールのほか、Yahoo！メールやGmailといったウェブメールサービスを利用したものが含まれるとしています。

　また、「その受信をする者を特定して情報を伝達するために用いられる電気通信」には、LINEやFacebook等のSNS（ソーシャル・ネットワーク・サービス）メッセージ機能等を利用した電気通信が該当するとしています。

　一方で、携帯電話同士で文字メッセージ等を送信するRCS（リッチ・コミュニケーション・サービス。プラス・メッセージ等）や、携帯電話同士で短い文字メッセージを電話番号宛てに送信するSMS（ショート・メッセージ・サービス）は、送

信できる文字メッセージ数に制限等があるうえ、PDF等の添付ファイルを送付することができないことから、労働条件明示の手段としては好ましくないとしています。

さらに、労働者が開設しているブログ、ホームページなどは上記の「電気通信」には含まれません。

したがって、ご質問の携帯電話への送信でも、SMS等以外の、プリントアウトによる書面作成が可能な方法であれば構わないということになります。

そのほか、同通達では、労働条件明示を巡る紛争の未然防止及び書類管理徹底の観点から、送信にあたっては、労働条件通知書に記入し、それを電子メール等に添付する等、可能な限り紛争を防止しつつ、書類の管理がしやすい方法をとることが望ましいとしています。

また、書面による交付と同様、様式は自由とされていますが、紛争の未然防止のため明示事項に加え、①明示を行った日付、②送信担当者名、③事業場法人等の名称、使用者の氏名等も記入することが望ましいとしていますので、こうした点にも留意が必要でしょう。

労働者の同意なしに配転行えないか

Q3　従業員の転勤に関して、少々困っている問題があります。実は、来年度から就業規則に照らして現在本社に勤務している2名の者を地方のK支社に転勤させる予定で、本人たちにその旨を内示したところ、1人が「K支社勤務は実質的に職種の変更になり、承服できない」といい、転勤を拒否してきました。

　確かに、本人のいうようにK支社勤務となればこれまでとは違い現場の生産工程にも多く携わることになるのですが、特別の技術を要するわけでもないので、いわゆる「職種の変更」というほどのものではない、と思うのです。いったい、本人の言い分と会社の考え方のどちらに妥当性があるものでしょうか。この種の判例の考え方なども併せて、よろしくご教示ください。

A　就業の場所の限定あれば同意必要

　貴社の処置については触れられていませんが、もし、転勤拒否をした者を転勤命令違反で懲戒した場合、果たしてその懲戒が有効か無効かに結局のところ問題が帰着しますので、その点も含めて考えてみましょう。

　そもそも、転勤とか配転というものは、法的に定義されてい

るものではありません。ご質問の場合ですと、就業の場所も仕事の内容も変わるとのことですので、一応配転という言葉を使ってご説明していきます。配転の効力を判断するには、その配転に合理性が認められるか否かがもっとも大きなポイントになってきますし、本人がその配転命令に同意しているのかどうかが、合理性を判断する前提条件となります。

　すなわち、合意の存在を評価することが第一の鍵となるわけで、それには配転命令の法的性格をどうとらえるかが必要となってきます。学説では①包括的合意説、②労働契約説、③特約説、④配転命令権否認説などがありますが、判例では包括的合意説か労働契約説の立場をとるものが多く、最近の傾向としては労働契約説が一般的に通説とされています。

　この説によれば、労働契約においてとくに労働の種類、態様、場所について合意がなされていない限り、これらの内容を個別的に決定し具体化する権限は使用者に委ねられ、一方当初の労働契約においてそれらについての合意がなされている場合には、配転命令は契約の変更であり労働者の同意なしにはこれを行うことはできない、ということです。

　そこで、貴社のケースを判断しますと、採用時にどの程度の合意が労働者との間にあったのかが問題とされましょう。もし、就業の場所も職種も採用時のままに限定された状態だったとすれば、今回の配転には本人の同意が条件となります。しかし、ご質問では「就業規則に照らし」とありますので、広く配転を行い得る状態にあったものとすれば、その配転命令にたとえば

　組合活動を嫌悪するなどの不法行為がない限り合理性も否定されることはないと思われ、これを拒否すれば一般的には懲戒も可能となる場合が多いといえるでしょう。ただ、この場合でも本人のやむを得ない事情（親一人子一人の家庭環境で、親が病弱のような場合など）は考慮すべきで、事情によっては代替者の検討も必要でしょう。

業務命令で一方的な出向も可能か

Q4　出向の件でおたずねいたします。私は、金融機関に勤めている者（勤続10年）ですが、先日上司から来年4月に某私企業への出向を言い渡されました。当社には出向に関する規定は別にありませんが、公営企業や他の金融機関への出向はこれまでにも何度かあり、そのためにもめごとが起こった例はありません。

　しかし、今回の私のように業務内容のまったく違う私企業への出向というのは初めてのケースであり、私個人としてはこのような形での出向には応じたくありません。会社は転勤、配転と同じように、業務命令として一方的に出向を命じ得るものでしょうか。

A　一定の条件なければ不可能と考えるべき

　現在、出向は多くの企業で行われており、親会社が従業員を子会社や関連会社に派遣したり、金融機関が融資先企業に派遣するなど、さまざまな形態がみられますが、その内容は雇用関係にある企業の従業員として籍を置いたまま出向する在籍出向と、退職して新たに出向先の従業員として採用される移籍出向の2つに大別されるでしょう。

　そもそも、出向とは「労働者が使用者との雇用関係を継続し

「使用者は、労働者の承諾を得なければ、その権利を第三者に
譲り渡すことができない」が大原則

ながら、本来、使用者の指揮命令下にない第三者、通常、関連
会社などに派遣され、その指揮監督を受けながらその業務を遂
行する」（石川島播磨重工業事件　昭47・7・15　東京地判）こ
とや、労務の提供が、「第三者のため（もしくは第三者の業務
として）第三者の監督指揮命令のもとでなされるに至る場合が、
いわゆる出向にあたる」（安川電機製作所事件　昭48・11・27
福岡地小倉支判）などと判示されています。

　それでは、ご質問にあるように、会社は業務命令で一方的に
出向を命じ得るものなのかということですが、結論としては特
約なくしては出向を命ずることはできないとするのが一般的な
考え方です。この問題に関しては、これまでに数多くの判例が
出されており、その一つに「使用者は労働契約に際し、明示し

た労働条件の範囲をこえて当該労働者の労働力の自由専恣な使用を許すものではなく、当該労働者の承諾、その他これを正当づける特段の根拠なくして労働者を第三者のために第三者の指揮下において労務に服させることは許されない」（日立電子事件　昭41・3・31　東京地判）というものがあり、このほかにも同様の判例が多数あります。

　それというのも、出向とは労働力の利用処分権限を出向元から出向先に譲渡することになると考えられるからです。つまり、第三者である出向先の会社が出向元の労働者を自社の従業員と同じように指揮命令下に置くことがなぜできるのかといいますと、出向元から労働力の利用処分権限、すなわち労働者に対する指揮命令権限の譲渡を受けたからにほかならないからです。

　したがって、出向は民法第625条第1項の「使用者は、労働者の承諾を得なければ、その権利を第三者に譲り渡すことができない」との規定により、労働者の承諾を必要とすることになるわけです。また、判例中の「その他これを正当づける特段の根拠」というのは、その定めによって出向することが、労使間の合意となっていると認められるような明白かつ具体的なものでなければなりません。これまでの判例からみてみますと、少なくとも次の3つの要件が必要といえます。まず、第一に出向先を明確に規定しておくこと、第二に出向事由と出向手続きを規定しておくこと、第三に出向期間、出向中の労働条件、復帰する際の労働条件について規定しておくこと、などです。

　出向を配転と区別したうえで使用者の労働者使用権の無断譲

渡禁止を定めた民法第625条を根拠として労働者の合意を必要とするとしているわけですが、出向を実質的に配転とみなし、出向命令の効力を配転命令の効力の問題としてとらえる判例もあります。大日本金属工業事件（昭50・5・29　岐阜地大垣支判）、セントラル硝子事件（昭52・7・20　山口地判）、興和事件（昭55・3・26　名古屋地判）などがそうですが、興和事件では労働者の合意について「真に同意に価するものである限り、明示とか個別的なものに限る理由はなく、暗黙あるいは包括的態様のものでも足る」とし、異動の説明があったこと、就業規則に出向規定があること、前例としてこの手続きにより多数の従業員が出向していること、出向先の労働条件が同一で経済的不利益がないこと、などを条件に個別的具体的な同意は必要ないとしています。

　ところで、ご質問の場合はこれらの具体的な状況が不明ですが、推測する限りでは一方的な出向命令とも判断できます。出向については何度か行われており、トラブルがなかったからといって、これが規定と実質的に同じ効果を持つ慣行といえるかどうかは疑問です。出向については、まず規定を置き、本人の同意を得、さらに細かな出向先との間で出向契約を結ぶくらいの配慮が必要だと考えるべきです。

転勤拒否なら「労働者の責」にあたるか

Q5 　当社の就業規則の懲戒解雇事由の中に、「正当な理由なく配置転換命令に従わないとき」という条項があります。

　ところで、先日社員Kが「親元から離れたくない」という理由で、会社の本社勤務を命ずる転勤辞令を受け取りませんでした。これは、就業規則所定の正当な理由とは考えられませんので、本人に対しその旨を伝えて説明したのですが、翻意しません。

　会社としては、やむを得ませんので規定どおり処置しようと思うのですが、このケースは解雇予告義務を免除される「労働者の責に帰すべき事由」に該当するのでしょうか。

A　悪質な義務違反とはみなされず予告義務あり

　労働基準法第20条ただし書きは、「天災事変その他やむを得ない事由のために事業の継続が不可能となつた場合又は労働者の責に帰すべき事由に基いて解雇する場合においては、この限りでない」と規定して、いずれの場合にも解雇予告義務を免除しています。

　つまり、30日間の予告期間を置かずに即時解雇を行うことも、行政官庁の認定を条件に可能としているわけですが、ただこれ

は解雇予告制度により労働者を保護するに値しないほどの重大あるいは悪質な義務違反ないし背信行為が労働者にある場合であって、個々の企業の懲戒解雇事由とは必ずしも一致するものではありません。

　解釈例規では、以下のような認定基準を掲げています。

　「『労働者の責に帰すべき事由』とは、労働者の故意、過失又はこれと同視すべき事由であるが、判定にあたっては、労働者の地位、職責、継続勤務年限、勤務状況等を考慮の上、総合的に判断すべきであり、『労働者の責に帰すべき事由』が法第20条の保護を与える必要のない程度に重大又は悪質なものであり、従って又使用者をしてかかる労働者に30日前に解雇の予告をなさしめることが当該事由と比較して均衡を失するようなものに限って認定すべきものである。『労働者の責に帰すべき事由』として認定すべき事由を挙げれば、

(イ)　原則として極めて軽微なものを除き、事業場内における盗取、横領、傷害等刑法犯に該当する行為のあった場合、また一般的にみて『極めて軽微』な事案であっても、使用者があらかじめ不祥事件の防止について諸種の手段を講じていたことが客観的に認められ、しかもなお労働者が継続的に又は断続的に盗取、横領、傷害等刑法犯又はこれに類する行為を行った場合、あるいは事業場外で行われた盗取、横領、傷害等刑法犯に該当する行為であっても、それが著しく当該事業場の名誉もしくは信頼を失ついするもの、取引関係に悪影響を与えるもの又は労使間の信頼関係を喪失せしめるものと認めら

れる場合。

㈠　賭博、風紀紊乱等により職場規律を乱し、他の労働者に悪
　　影響を及ぼす場合、また、これらの行為が事業場以外で行わ
　　れた場合であっても、それが著しく当該事業場の名誉もしく
　　は信用を失ついするもの、取引関係に悪影響を与えるもの又
　　は労使間の信頼関係を喪失せしめるものと認められる場合。

㈢　雇入れの際の採用条件の要素となるような経歴を詐称した
　　場合及び雇入れの際、使用者の行う調査に対し、不採用の原
　　因となるような経歴を詐称した場合。

㈣　他の事業場へ転職した場合。

㈤　原則として２週間以上正当な理由なく無断欠勤し、出勤の
　　督促に応じない場合。

㈥　出勤不良又は出欠常ならず、数回に亘って注意をうけても
　　改めない場合。

　の如くであるが、認定にあたっては、必ずしも右の個々の例
示に拘泥することなく総合的かつ実質的に判断すること」（昭
23・11・11　基発第1637号、昭31・3・1　基発第111号）。

　さて、ご質問の場合のＫさんが、なぜ「親元から離れたくな
い」のかが不明ですが、たとえばＫさんが高齢の両親の面倒を
みなければならない立場にあり、他にＫさんに代わる肉親がい
ないというようなケースなら別ですが、そうでないなら就業規
則所定の「正当な理由」とはならないと考えられます。

　そうであれば、転勤に応ずべきことが労働契約の内容とされ
ているか、もしくは就業規則にその旨の定めがあれば、転勤命

令も有効な業務命令とされるものであり、これに正当な理由な
く従わないのは業務命令違反（義務違反）といわざるを得ません。

　多くの企業では、転勤拒否を懲戒解雇事由に掲げていますし、
判例も合理的な理由のない転勤拒否については、労働組合法第
7条が禁止する不当労働行為が介在しない限り、解雇も有効と
しています。

　しかし、転勤命令に応じないことが、前記解釈例規中の事例
のごとく「解雇予告制度により労働者を保護するに値しないほ
どの重大あるいは悪質な義務違反」とみることには、無理があ
るといえましょう。

　認定基準に掲げる事例は制限列挙ではありませんので、これ
以外の事例でも「解雇予告除外認定」が受けられないわけでは
ありません。また、同一の事例でも労働者の地位や職責、勤務
状況などによって結論が異なってこざるを得ないわけですが、
ご質問の場合、30日間の予告期間も置けないほどの義務違反と
は考えられません。

　行政官庁の認定が得られないとは必ずしも断言はできません
が、労働基準法第20条所定の予告期間を置くことで貴社にさほ
どの実害があるとも考えられませんので、できれば30日前に予
告をされて労働契約を終了することをおすすめします。

試用期間中なら解雇予告義務ないか

Q6 　当社では、今春5名の新人社員を採用しましたが、その中の1名についてはどうも勤務態度、能力が劣っており、現在解雇を検討しております。就業規則では、「試用期間を3カ月とする。試用期間中、引き続き従業員として勤務させることが不適当と認められる者は解雇する」旨の規定があります。

　労働基準法では、試用期間中の者に対しては解雇予告義務を免除していると誰かに聞いたのですが、当社の場合、3カ月間の試用期間中につき解雇予告は必要ないと解してよいのでしょうか。

A　試用期間中も14日を超える場合は予告義務が

　労働基準法第20条の解雇予告をせずに解雇できる労働者として、同法第21条は、①日日雇い入れられる者、②2カ月以内の期間を定めて使用される者、③季節的業務に4カ月以内の期間を定めて使用される者、④試の使用期間中の者、の4者を掲げています。

　ご質問の場合は、このうちの④のことを指していらっしゃるのでしょうが、同条はただし書きで、「14日を超えて引き続き使用されるに至つた場合においては、この限りでない」として

　おりますので、試用期間中であっても14日を経過している者については、解雇予告義務は免除されないこととされています。

　試用期間とは、本採用決定前の試験的に使用される期間で、この期間中に勤務態度や能力、技能あるいは性格などをみて正式に採用するかどうかを決定するものです。期間は業種や規模などによって長短まちまちですし、民法第90条の公序良俗に反しない限りは、各企業において自由に設定し得るとされています。しかし、解雇予告義務の免除期間が企業で任意に設定できる試用期間の長さで左右されるというのでは公正さを欠くため、試用期間中といえども14日以内の者に限ると制限しているわけです。

　また、企業で自由に定め得るといっても、試用期間制度は労働条件の1項目ですから就業規則などに定めておく必要があります。また、試用期間を定めずに、直ちに本採用した場合においては労働基準法第21条の適用はなく、採用後14日以内であっても解雇予告が必要なのはいうまでもありません。さらに、一般的に試用期間中の場合は解雇権が本採用者に比べて広く留保されていると解されていますが、だからといって無制限に解雇が有効とされているのではもとよりなく、試用期間中といえども解雇するに際しては相応の客観性、合理性をもって臨む慎重さが望まれましょう。

パート採用の必要なくなったが解雇か

Q7 先日、当社の従業員Mより病気療養を理由とする休職願が提出されました。期間は３カ月ほどで、会社はMを休職扱いとしました。と同時に、Mの抜けた穴をうめるべく３カ月の契約で臨時のパートＡを雇いました。

ところが、Mが病気療養に入る前、Aの就労５日後に、まったく信じられないことなのですがMの病気が医師の誤診であったことが分かり、休職の必要がなくなったというのです。となりますと、Aの採用は意味のないことになってしまいます。Aに事情を話して、この話はなかったことにしてもらおうと思っているのですが、この場合でも解雇予告が必要なのでしょうか。

A 一方的に契約を取り消す以上は解雇

ご質問の場合、Mさんの突然の休職事由の消滅によって、３カ月契約でMさんの穴うめのために採用したパートタイム労働者Aさんの雇用を継続する必要がなくなってしまった、ということのようです。

ところで、労働基準法第21条では第20条の解雇予告を必要としない者について、①日日雇い入れられる者、②２カ月以内の期間を定めて使用される者、③季節的業務に４カ月以内の期間

解雇予告の適用除外は４つのケースに限定される

を定めて使用される者、④試の使用期間中の者、の４者を挙げています。つまり、Ａさんの場合は３カ月を期間とした労働契約を取り交わしているわけですから、これらのいずれにも該当しません（設問では、Ａさんが季節的業務で雇用されているとも思われません）。

　また、労働基準法の適用労働者とはパートタイム労働者、臨時工、アルバイトなど呼称のいっさいを問わず、事業に使用される者で賃金を支払われる者（同法第９条）を言うとされていますので、ご質問のＡさんについて解雇予告を行わないでよい、とする法的根拠はどこを探しても見当たらないといえましょう。

　さらにつけ加えますと、貴社の事情で３カ月の労働契約を一方的に破棄するというのは、民法第415条の債務不履行（履行

不能）責任をも生じることになりますので、望ましくはＡさん
を期間内雇用していく方向で検討されるべきではないでしょう
か。Ａさんには何の落度もないのですから、たとえ本人が事情
を察して納得したからといって、解雇予告もしくは予告手当の
支払いは免れないといえましょう。

半強制的な退職勧告なら解雇となるか

Q8　当社の従業員Cが、就業規則上の懲戒解雇に該当する不正行為を行いました。

　こういう例は初めてのことでもあり、またこれまでの本人の会社に対する貢献度なども考慮したうえで、会社はCに対しこれに応じなければ懲戒解雇処分も辞さないことを前提に、退職願の提出を強く求めました。この背景には、懲戒解雇の場合には退職金が不支給となることになり、会社としてはCの与えた損害をCの得る退職金から控除して支給しようとする意図があったわけです。

　もとより、Cに不利益があるわけではありませんので、Cも納得して退職届を提出してきました。ところで、こういう場合は解雇の手続きはまったく不要と考えてよいのでしょうか。

　本人の利益を考えれば、会社の申し出はすでにCの選択の余地のないところとも思え、単純に本人の意思による退職として取り扱ってよいのか疑問です。

A　合意の退職であれば労基法第20条の適用ない

　結論から申し上げれば、ご質問のケースは合意退職とみなされますので、原則として解雇の問題は生じません。

　似たようなケースで争われた日鉄鉱業事件で、福岡地裁飯塚

支部は賞罰委員会で懲戒解雇処分の決定が行われたとしても、当人の利益のために自発的に退職をすれば懲戒解雇にはしないとすることにし、本人もこれを了承して退職願を提出して退職した場合は、合意退職が成立すると判示して、次のように述べています（昭34・7・31 判決）。

「被告の右所為（顔面打撲傷及び左眼中心性網膜炎により傷害罪に処された行為）は鉱員就業規則第99条第9号の『罰金以上の刑に処せられるべき犯罪を犯したとき』は『懲戒解雇に処する』という規定に該当するのみならず、被告は他に過去において3、4件の暴行罪を犯していることを併せ考えると酌量の余地のないものとして被告を懲戒処分にするのが相当であると裁定したこと、賞罰委員長である訴外Cが、右裁定の結果をF鉱業所長に報告したところ同所長は同委員会組合側委員並びに組合幹部からの要請もあったため、被告の利益のために、被告が自発的に退職すれば懲戒解雇にはしないこととし、同所長の命を受けた労務係長訴外Dがこの旨を被告に伝えたところ、被告もこれを了承し、昭和32年10月13日原告会社に対し何ら異議をとどめることなく退職願を提出したので原告会社はこれを受理したこと、被告は、同月24日同年11月13日の2回に亘り原告会社の支給する退職金を異議をとどめないで受領したことが認められる。……然らば原被告間の雇傭関係は合意解約により終了したものといわなければならない」

もっとも、退職願が出されてさえいれば合意退職が成立しているとみるべきかというと、必ずしもそうではありません。

　横浜地裁昭和45年4月14日判決の日本電気事件では、会社から強く退職願の提出を迫られた原告が、その意思がなかったもののその場を取りつくろうため退職願を出した件について、「少なくとも同年12月29日には合意解約が成立したかのような形式が整っているけれども、この段階で、未だ原告は確定的に退職する旨の意思を有していたと認めることはできない」としています。

　このケースは、本人の自由意思によらないことから合意があったとはみなされないとされたわけですが、このほか民法第95条の錯誤があった場合の意思表示は無効とされていますし、同法第96条は詐欺や強迫の状態のもとに行われた意思表示については後刻これを取り消し得ることを定めています。

　しかし、これらはいずれも合意退職の成立について言及しているのであって、本来被解雇者の意思をまったく斟酌しない解雇とは別個の問題といえます。

　したがって、ご質問の場合もCさんと貴社との間に合意退職が成立していないとみられる場合に、改めて解雇の措置をとられればよいものであって、Cさんと貴社との間で会社からの申し入れがあったとはいえ、Cさんの自由意思による退職に関する合意があったとみられる以上、労働基準法第19条や第20条の問題が生じることは原則としてないといえます。

　また、ご質問に「実損害額を退職金額の中から控除して支払いたい」との一文が掲げられていますが、退職金も「労働協約、就業規則、労働契約等によつて予め支給条件の明確なもの」は

賃金である（昭22・9・13 発基第17号）とされていますし、賃金である以上同法第24条の適用は免れませんので、控除せず全額支払う必要があります（損害額は、退職金を支払ったのち別途本人に請求することになります）。

懲戒解雇に特別手当を支払った場合でも 「予告手当」は必要か

Q9 先日、社員の一人に懲戒解雇にも相当する重大な不始末があり、直接損失を受けた親会社の担当者から「すぐにクビにしろ」と言い渡されました。

しかし、当人も強く反省しており、「懲戒解雇は何とか勘弁してほしい」と泣きつかれましたので、親会社には懲戒解雇したことにし、すぐに辞めてもらう代わりに、自己都合による退職金相当額の特別手当を支払ってやりました。

その際に、解雇予告手当は支払わないという条件を付け、本人も納得済みのはずでした。

ところが後日、やはり実際には解雇なのだから、30日分の解雇予告手当も出してほしいと要求してきました。

こんな場合でも、支払わなければいけないでしょうか。

・・

A 特別手当の額が平均賃金の30日分以上であれば必要なし

本ケースでは、"温情が仇に"とまではいえなくとも、少なくとも温情が通じていなかったことは確かです。

本社からの強い要請もあり、やむを得ず取った措置といえますが、話がこじれトラブルになってしまったということのようです。

問題を若干整理してみると、この件は、本来懲戒解雇とすべ

きところを本人と話し合いのうえ、自ら辞めてもらうことで合意が成立しました。退職勧奨に応じたともいえます。

一方、これにより一見、自己都合による退職のようなかたちとなったものの、退職金は支給されず実質的には懲戒解雇の扱いです。

しかし、恩恵的に、退職金に代わる特別手当が支払われています。

このように、解雇したのか退職であったのか、曖昧なまま労働関係を終えている例は、実際に結構数多く見受けられるところであり、なかにはトラブルに発展するケースもあり注意すべきです。

ご質問のケースに限りませんが、いわゆる退職勧奨による退職等と解雇の区分は微妙であり、たとえば、退職勧奨が強要にわたる場合、あるいは合意退職とすることに労働者の意が尽くされていない場合は、解雇と考えられますから解雇の手続を踏まなければなりません。

仮に解雇であるとすれば、当然に解雇予告手当の支払いが必要になりますが、これは、いかなる名目であっても平均賃金の30日分以上あれば足りるものです。

もっとも、退職金は就業規則等で支払い基準等が定められていれば賃金であり、解雇予告手当とは本質的に性格を異にするものですから、退職金の支払いをもって代えることは許されないでしょう。

しかし、退職金の支払いについて、何らの定めがないまま支

　払われる退職金の場合、あるいは退職金基準を上回って支払われる部分がある場合や退職金とは別の手当が支払われる場合は、使用者の恩恵的給付と考えられますから、これをもって、解雇予告手当の支払いに代替することは可能と解されます。

　ご質問のケースでは、懲戒解雇であれば支払われない退職金に代わり相当額の手当が恩恵的に支払われており、これが平均賃金の30日分以上であるならば、解雇予告手当の支払いは不要と思われます。

　なお、解雇予告手当と賃金の一種とされる退職金は性質を異にするといっても、いずれも金銭であり、退職金については法律上制限がないわけですから、今後、こうしたトラブルを避けるために、退職金支給規則等において退職金中に解雇予告手当も含まれている旨定めておくのも一つです。

　ただし、この場合は、退職金が解雇と同時に支払われる必要があります。

郵送した解雇通知書を
そのまま送り返してきたが

Q10 　長期間の無断欠勤者に対する解雇通知手続のトラブルで頭を悩ませています。

　無断欠勤がすでに１カ月近くにもなっていますので、会社規定により解雇することにし、解雇通知書を郵送したのですが、本人名でそのまま送り返してきました。

　このような場合、解雇通知書は無効になるのでしょうか。

A 通知書が相手方の住居に到達し、知り得た状態であれば有効

　最初に解雇について簡単にご説明すると、解雇は、使用者が労働者に対し、一方的に労働契約を将来に向かって解約・終了を告げるという意思表示です。

　解雇には普通解雇、懲戒解雇、整理解雇等の種類がありますが、この場合は懲戒解雇になります。

　多くの事業場では、就業規則の懲戒規定に、たとえば「正当な事由なしに、無断欠勤が14日に及んだときは懲戒解雇する」というような規定をおいているわけですが、ご質問のケースもこれに当てはまるものといえるでしょう。

　次に、解雇を告げる場合に、どのような方法で告げればよいのかということになりますが、やり方については、特に法律上の規定はありませんから、口頭で申し渡してもよいし、あるい

郵送の場合は、相手方の住居に配達されたときに、解雇通知の効力が発生

は、文書で通知してもよく、どのようなかたちでもかまわないということになります。

　ただし、いずれの方式をとっても、被解雇者が確実に了知し得る状態にしなければなりません。

　ご質問の場合は、文書による通知になりますが、実際に、同じように、解雇通知書届いても封を切らないまま返送するというような場合が結構あり、ときどき紛争になることがあります。

　ただし、このような場合でも、実は、相手方が了知し得る状態になったと解され、解雇の意思表示は到達したものと判断されているところです。

　しかしながら、解雇通知書の受領が拒否されているわけですから、もしかすると、解雇の意思表示が相手方に到達していな

いのではないかと思われるかもしれませんが、実はそうではないのです。

　民法第97条第1項では「隔地者に対する意思表示は、その通知が相手方に到達した時からその効力を生ずる」とされており、法律上は、隔地者に対する意思表示は相手が知ろうと思えば知り得る状態であれば、意思表示が到達したものとされているからなのです。

　つまり、解雇通知の効力発生は、通知が相手方に到達したときであり、郵送の場合は、相手方の住居に配達されたときです。

　したがって、解雇に不服な労働者が解雇通知書の受領を拒んだり、解雇通知書を返上しても、解雇通知書が相手方の住居に到達すれば、解雇通知の効力が発生することになります。

　このように、解雇通知書の受領拒否は法律上何ら意味のない行為で、単に解雇に反対だという示威行為にすぎないということです。

　とはいえ、解雇は、労働者の生活にとって、深刻な影響を引き起こすことになるので、よく法律上の争いとなりがちなのも事実です。

　したがって、解雇通知については後日争いとなることを予想して、確実に、しかも証拠関係を明らかにしておくことも必要となります。

　このため、一般には、口頭で通知するとともに、文書でも通知する方法がとられています。

　さらに、慎重を期すため、口頭の場合には立会い人をおくと

　いうような方法が考えられますし、郵送の場合には、配達証明
の手続をとっておくのも一つの方法といえます。

第2章

労働時間

始業前の着替えにかかる時間は労働時間とすべきか

Q11　弊社の始業は午前9時からですが、先日、新入社員の一人から始業前の着替えの時間も労働時間ではないかとの指摘を受けました。

　長年、始業前に着替えをすまし、9時から作業を開始するというやり方を続けてきたのですが、これではまずいのでしょうか。

　法律的な取扱いをお教えください。

A　判例等では使用者による着用の「義務付け」が前提

　ご質問の着替え時間が労働基準法上の労働時間に該当するかどうかという問題は、昔からある古くて新しいテーマといえます。

　法律的には、一応、最高裁が出した「労務提供義務と不可分一体のものとしてそれ自体を義務付けられた作業服・安全保護具等の着装を事実上拘束された状態で従事するものであるから、右着装の開始により、労働者は使用者の指揮監督下に入ったものと認めることができる」（平12・3・9　最一小判　三菱重工業長崎造船所事件）という判例が判断基準になると考えられます。

　つまり、着替え時間が労働時間に該当するのは、①作業等に必要不可欠な時間で、②使用者の直接的支配下にある時間であっ

て就労義務拘束のある場合ということになります。

　そして、最高裁が一方で、自由任意に行う作業服、あるいは安全帽、安全靴の着用・着替え時間は労働基準法上の労働時間ではないと判示している（昭59・10・18　最一小判　日野自動車工業事件）点についても留意する必要があります。

　さらに、厚生労働省が過重な長時間労働や割増賃金の未払い問題等への対策の一つとして平成29年１月20日に策定した「労働時間の適正な把握のために使用者が講ずべき措置に関するガイドライン」の中で、「使用者の指示により、就業を命じられた業務に必要な準備行為（着用を義務付けられた所定の服装への着替え等）や業務終了後の業務に関連した後始末（清掃等）を事業場内において行った時間」は、労働時間として取り扱うとしています。

　したがって、キーワードは「義務付け」ということであり、少なくとも会社が着用を義務付けている制服等への着替えは労働時間となり、そうではない労働者の自由裁量による任意の作業服への着替えは労働時間とする必要はないといってよいでしょう。

　ただし、実際には判断のむずかしい微妙な場合が結構多く、相変わらず裁判で争われるケースもあるようです（平25・11・21　東京高判　オリエンタルモーター事件など）。

　前述のガイドラインでも、「労働時間に該当するか否かは、労働契約、就業規則、労働協約等の定めのいかんによらず、労働者の行為が使用者の指揮命令下に置かれたものと評価するこ

とができるか否かにより客観的に定まるものである」としなが
ら、客観的な評価に当たっては「使用者の指揮命令下に置かれ
ていると評価されるかどうかは、労働者の行為が使用者から義
務付けられ、又はこれを余儀なくされていた等の状況の有無等
から、個別具体的に判断されるものである」として、あくまで
も「個別具体的な判断」になるということを強調していますの
で、この点は留意する必要があります。

　結局、個別具体的にということで、最終的には裁判所の判断
を仰がなければならないという状況には変わりがないのかもし
れません。

始業前の朝礼を労働時間扱いと しなければいけないか

Q12 始業前の朝礼時間の扱いについてお伺いします。弊社では、毎朝、始業前に４～５分間の朝礼を行っています。

長年にわたる古くからの慣行ですし、わずかな時間でもあるので、労働時間の扱いにはしておりません。

ところが最近、ある事業場が朝礼を労働時間に加えるよう労働基準監督署から指導を受けたと聞きました。

社員の間からは、特にいまのところ不満が出ているというわけではありませんが、やはり弊社のようなやり方は改めなければならないのでしょうか。

A 参加義務があるかどうかが判断のポイントに

新聞報道等によると、ご指摘のように、確かに最近、某労働基準監督署管内でそうしたケースが発生しています。

当該会社では毎朝、営業開始前の５分間に朝礼を行い、連絡事項の伝達や仕事上の心得の唱和などに充てていました。

これに対し、労働基準監督署から朝礼を労働時間として扱っていないのは問題であり、労働時間に含めるべきだとする是正勧告を受けたというものです。

このため同社は、朝礼の実施を勤務時間内に変更、一部の部

署で行われていた終業後の終礼も同様の扱いに改めたといいます。

　さらに、これまでの朝礼・終礼時間分の賃金も遡って支払うことにしたそうです。

　朝礼については、我が国では多くの会社で広く行われているごく一般的な社内行事といえます。

　しかし、始業前の場合、時間も数分と短いこともあって勤務時間として扱っていないところが結構多いのが実態と思われます。

　ところで、労働時間とは何かということをあらためておさらいしてみますと、通常は、「労働者が使用者に労務を提供し、使用者の現実的な指揮命令に服している時間」などと定義されています。

　それでは具体的に、ご質問の朝礼のように実作業に入る前の準備的なものはどうなのかということになります。

　ほかにも更衣、清掃、作業の引継ぎなどの時間の取扱いをどうするかという問題もあります。

　これらの時間が労働時間に該当するかどうかについては、原則として、①作業等に不可欠な時間であって、かつ②使用者の直接的支配下にある時間で、就労義務拘束のある場合とされています。

　わかりやすくいえば、朝礼については「参加義務のあるもの」であるかどうかが判断のポイントということです。

　上述の某労働基準監督署管内のケースでも、会社が朝礼に出

席するよう指示を出していたという点が労働時間として判断される決め手となったといいます。

　そうなれば、ノーワーク・ノーペイの逆で、わずか数分であっても労働時間である以上、きちんとカウントし、賃金を支払わなければならないということになるわけです。

　いまのところ、全国の労働基準監督署で一斉にこのような指導が行われているとは聞いていませんが、いずれにせよ、わずかといえども法律違反になるような事態には気を付けなければならないということでしょう。

健康診断の時間は労働時間とすべきか

Q13 労働時間に関することで伺います。先日、当社
では一般の健康診断を行いました。

ところが、医師の都合で健診時間が昼休み（12時〜1時）
にかかってしまいました。そのため、労働組合がこの1時間
を残業として取り扱って欲しいと申し入れてきたのですが、
健康診断は直接労務の提供とはいえないのですから、この
要求を拒否して構いませんか。

また、近く有害業務の特殊健康診断も予定しているので
すが、この場合も一般健康診断と同様に取り扱ってよいので
しょうか。

A 一般健診は自由、特殊健診は労働時間に

ご質問のそれぞれの健康診断の実施は、労働安全衛生法で事
業者に課された義務ですが、この健康診断実施中の時間を一体
どのようにとらえるのかは、多分に判断の分かれるところとい
えましょう。厚生労働省は、これらのうち一般健康診断につい
て、その時間は事業者が賃金支払義務を負う労働時間とはいえ
ないが、労使協議して賃金を支払うことが望ましい、とする見
解を示しています。

すなわち、「いわゆる一般健康診断は、一般的な健康の確保

「一般健康診断」は
事業者の義務でもあり、
できれば賃金を
払ってください

なるほど

一般健診の受診に要した時間の賃金は事業者が支払うことが望ましい

をはかることを目的として事業者にその実施義務を課したものであり、業務遂行との関連において行われるものではないので、その受診のために要した時間については、当然には事業者の負担すべきものではなく労使協議して定めるべきものであるが、労働者の健康の確保は、事業の円滑な運営の不可欠な条件であることを考えると、その受診に要した時間の賃金を事業者が支払うことが望ましいこと」（昭47・9・18　基発第602号）としています。

　したがって、ご質問の場合もその時間について賃金を支払わなければならない法律上の義務は生じませんが、健康診断の趣旨を考えれば賃金を支払うことが望ましいということになりましょう。なお、受診に要した時間を含めこの日の労働時間が8

時間を超えたとしても、受診時間に対する賃金の支給は多分に恩恵的な措置ですので、割増賃金で支払うかどうかは労使間での協議次第ということになります。また、別の方法としては休憩時間をずらすことも考えられ、このほうが労働基準法第34条に規定する休憩の確保が明確ですので、一方法かと思われます。

　ご質問後段については、「特殊健康診断は、事業の遂行にからんで当然実施されなければならない性格のものであり、それは所定労働時間内に行われるのを原則とすること。また、特殊健康診断の実施に要する時間は労働時間と解されるので、当該健康診断が時間外に行われた場合には、当然割増賃金を支払わなければならないものであること」（前掲同通達）とされ、一般健康診断と違ってこちらは明確に労働時間とされていますので、気をつけなければなりません。

外勤社員の労働時間の計算どうする

Q14 　労働基準法第38条の2の解釈について、おたずねいたします。

　当社では、仕事の内容上外勤業務が多く、したがって労働時間の正確な計算ができませんので、所定の労働時間労働したものとして取り扱ってきております。ところで、外勤業務のうち集金業務については各人の負担する件数が多すぎるためか、集金を担当する人のほとんどが1時間ほど帰社時間が遅れているのが実態です。

　同条では、所定時間外労働でもみなし規定の適用があるそうですが、その取扱いについてご説明いただけませんか。

A　労働の実態に即し労使協定で定めた時間で算定

　労働基準法では、第38条の2第1項で「労働者が労働時間の全部又は一部について事業場外で業務に従事した場合において、労働時間を算定し難いときは、所定労働時間労働したものとみなす」としたうえで、同条同項ただし書きで「ただし、当該業務を遂行するためには通常所定労働時間を超えて労働することが必要となる場合においては、当該業務に関しては、厚生労働省令で定めるところにより、当該業務の遂行に通常必要とされる時間労働したものとみなす」としています。

　ここでいう「当該業務の遂行に通常必要とされる時間」とは、通常の労働者が通常の状態でその業務を行うために客観的に必要とされる時間と考えてよいでしょう。もちろん、作業条件や作業能力などによって必要な時間に差が生ずることも予測されるところですが、平均的にその業務の遂行に必要な時間を割り出すことはできるものと考えられましょう。

　したがって、ご質問の集金業務の場合も、これによって判断されればよいわけです。ご質問の内容からでは何ともいえませんが、集金業務が仮に1時間前後の時間外勤務を伴わない限り遂行できない、と客観的にみられる場合であれば、ただし書きの規定に基づいて、所定労働時間プラス1時間労働しているものとして、労働時間を算定しなければなりません。たとえば、集金担当の方の所定労働時間が実働8時間だとしますと、1日に9時間勤務とみなして取り扱わなければならないわけです。

　こうなりますと、1時間については時間外勤務となりますので、同法第36条による、いわゆる36協定の協定時間の枠内でなければなりませんし、同法第37条所定の割増賃金の支払いが必要になってきます。

　また、同法第38条の2第2項では「前項ただし書きの場合において、当該業務に関し、当該事業場に、労働者の過半数で組織する労働組合があるときはその労働組合、労働者の過半数で組織する労働組合がないときは労働者の過半数を代表する者との書面による協定があるときは、その協定で定める時間を同項ただし書の当該業務の遂行に通常必要とされる時間とする」と

定め、「当該業務の遂行に通常必要とされる時間」を労使で協定する方法を定めています。

　つまり、「当該業務の遂行に通常必要とされる時間」については、実態を熟知している労使間の常態として事業場外で労働している場合には、労使協定でこの時間を定めておくことが望ましいと考えられるわけです。

　なお、この場合は協定を労働基準監督署に届け出なければなりません。

18歳未満の者がアルバイトに応募、労働時間はどう配慮する

Q15 当社では、これまで学生アルバイトは18歳以上の者を雇用してきました。ところが、このほどアルバイトを募集したところ、17歳の者が応募してきました。18歳未満の者を雇用する場合には、特別の手続きが必要だと聞いたのですが、具体的にはどのような手続きが必要になるのでしょうか。また、労働時間などについても注意すべき事項を教えてください。

A　年齢証明する戸籍証明書を備え付ける

18歳に満たない者を使用する場合には、労働基準法第57条で「使用者は、満18才に満たない者について、その年齢を証明する戸籍証明書を事業場に備え付けなければならない」としています。

ここでいう「年齢を証明する戸籍証明書」というのは、住民基本台帳法第7条第1号の「氏名」と同第2号の「出生の年月日」の事項についての証明がなされている「住民票記載事項の証明書」を備えていれば足ります（昭50・2・17　基発第83号、婦発第40号）。

なお、労働基準法第56条では、「満15歳に達した日以後の最初の3月31日が終了するまでこれを使用してはならない」とし

て、最低年齢の定めをしています。つまり、年少者の保護に関しては、「最低年齢の定め」と「保護年齢の定め」という２つの規定があるわけです。このうち保護年齢については、就労は認めるが、特別な保護規定を設けている関係から、監督上必要な年齢を証明する戸籍証明書を備え付ける義務を使用者に課しているのです。

次に、18歳未満の年少者の労働時間については、１日８時間・週40時間を原則とし、時間外・休日の労働（同法第36条）、労働時間と休憩の特例（同法第40条）、高度プロフェッショナル制度（同法第41条の２）は適用されません。つまり、年少者については例外的に非常災害の場合（同法第33条）のみ時間外・休日労働が認められています。

また、労働時間制度についても、原則として１カ月単位の変形労働時間制（労働基準法第32条の２）やフレックスタイム制（同法第32条の３）、１年単位の変形労働時間制（同法第32条の４）及び１週間単位の非定型的変形労働時間制（同法第32条の５）は適用されません（同法第60条）。

ただし、15歳以上18歳未満の者については、労働時間を１日４時間以内に短縮する場合にほかの日を10時間まで延長すること、１カ月単位の変形労働時間制と１年単位の変形労働時間制を適用する場合は、１週48時間、１日８時間の範囲で使用できることとされています（同法第60条第３項）。

深夜業については、健康上、福祉上特に有害であるという観点から、満18歳未満の者を午後10時から午前５時までの間に使

用することが原則として禁止されています。

　さらに、危険有害業務の就業制限（同法第62条）として、一定の重量物を取り扱う業務や毒劇薬、毒劇物その他有害な原料などを取り扱う業務などが掲げられており、就労させてはならないこととされています。

主任以上を管理・監督者として問題ないか

Q16 労働基準法第41条に関連した質問ですが、当社（建設業、従業員約200人）では、就業規則により現場主任、支店課長以上の職にある者は同条2項のいわゆる管理・監督者として取扱い、労働時間、休憩及び休日に関しては適用除外の処理をしております。しかし、現実には彼らのうち現場主任の出退社については厳格な制限を加え、就業時間もきっちり守らせており、権限の点からみても経営者と一体的な立場にあるとは考えられない実情にあります。建設業の宿命で日曜出勤も多く、超過勤務も多いのですが、彼らには管理職であるとの名目で職務手当（超過勤務手当30時間程度相当分）を支給して、振替休日は認めず、超過勤務手当も支給しておりません。

　しかし、事業場における超過勤務手当は、月平均50時間程度にもなり、休日出勤もたび重なるため「一般社員の方が給料がよい」とか、「日曜出勤をして、その代わりに平日を休もうとすれば有給休暇扱いにされるなんて馬鹿げている」といった不平が聞かれるようになりました。当社のこの処理方法は、労働基準法上問題でしょうか。

管理・監督の地位にある者とは、労務管理について経営者と一体的な立場にある者を指し、実態に即して判断

A　上位職制に限定されるが実態で判断

　労働基準法第41条は、①農業または水産の事業に従事する者、②事業の種類にかかわらず監督もしくは管理の地位にある者または機密の事務を取り扱う者、③監視または断続的労働に従事する者で、使用者が行政官庁の許可を受けたもの、については同法第4章、第6章及び第6章の2で定める労働時間、休憩及び休日の規定を適用しないとしています。

　とくに、同条中①と③については問題ありませんが、②の管理・監督者は労働基準監督署長の許可を要件とはしていませんので、各企業でまちまちの状況になっているように見受けられます。とりわけ、金融機関や多店舗展開する飲食業等においてずさんな管理が目立ったため、昭和52年に金融機関において、

また平成20年に多店舗展開の飲食業等における管理・監督者の範囲を明確にしたといった経緯もあります。

　さて、同法第41条が管理・監督者について労働時間や休日などの適用を除外した趣旨は、これらの者は、事業経営の管理的立場にある者またはこれと一体をなす者であり、労働時間や休憩及び休日に関する規定の規制を超えて活動しなければならない企業経営上の必要が認められ、またその地位から考えて法の規制外においても労働条件に及ぼす影響が比較的少ないことなどからです。通達でも「『監督若しくは管理の地位にある者』とは、一般的には、部長、工場長等労働条件の決定その他労務管理について経営者と一体的な立場にある者の意であり、名称にとらわれず、実態に即して判断すべきものである」（昭22・9・13　発基第17号、昭63・3・14　基発第150号）としています。

　つまり、企業により労働者数も違うし、職制の置き方も異なりますので、名称にとらわれず実態によって判断することになりますが、少なくとも自己の勤務について厳格な制限を受けない地位にある必要があるでしょう。また、その職務の態様からみて労働条件の決定、労務管理の方針の決定などに参画し、労務管理上の指揮命令権を有した経営者と一体的な立場にある者であることです。

　この判断からみますと、貴社の現場主任については到底同法第41条の要件に合ったものとはいえません。要件を満たさない限り、労働時間や休日、休憩、割増賃金など労働基準法の各条について法違反を構成することになりますので、速やかに改善

されるべきです。

深夜に及ぶ所定労働時間、
深夜手当を払わなければならないか

Q17 当社は、食品加工会社なのですが、このたび、電力事情の都合もあって、24時間操業しなければならなくなりました。そのため、現在、従業員の一部については、実労働時間数が今までと変わらない範囲で、３交替勤務に変更することを検討しています。

そこでおたずねしたいのですが、従業員に支払う深夜勤務手当は実際に深夜勤務に従事した時間の1.35倍を支払わなければならないのでしょうか。また、深夜のみのパートを新たに雇うのですが、この場合の時給については、深夜勤務手当込みの額としてもよいのでしょうか。

....

A 法的には割増部分のみで足り所定時間分は不要

労働基準法第37条第４項では、「使用者が、午後10時から午前５時まで（厚生労働大臣が必要であることを認める場合においては、その定める地域又は期間については午後11時から午前６時まで）の間において労働させた場合においては、その時間の労働については、通常の労働時間の賃金の計算額の２割５分以上の率で計算した割増賃金を支払わなければならない」とし、使用者に深夜業については割増賃金を支払うことを義務付けています。

　ご質問からは、深夜業の割増賃金率を3割5分と勘違いされているのか、貴社の割増賃金率が3割5分となっているのかはっきりしたことは分かりませんが、深夜業の割増賃金率の最低ラインは2割5分です。法で義務付けられる割増賃金率の最低ラインが3割5分とされるのは、深夜業ではなく、休日労働の場合です。

　ただし、これらはあくまで法が義務付ける割増賃金率の最低ラインですから、それよりも高い率とする分には問題はありません。

　そこであらためてご質問をみてみますと、ご質問は、①労働時間の変更により、所定労働時間が深夜の時間帯になった場合でも、割増賃金の支払いは1.35倍の額にしなければならないのか、②パートタイム労働者について、時間給を深夜勤務手当込みの額で設定してもよいのか──の2点です。

　まず、1点目のご質問についてですが、深夜業に従事した時間について時間単価に0.25を乗じた額を支払えば問題はありません。

　月給制の労働者の場合、所定労働時間に対する賃金は、すでに月給として支払われていることになり、ご質問のように所定労働時間が深夜の時間帯になっていたとしても、その時間帯に対する通常の賃金は支払われていることになるからです。

　次に2点目のご質問の深夜業に従事するパートタイム労働者の時給について、深夜業の割増賃金を含めた額で設定してもよいかということですが、行政解釈では、「労働協約、就業規則

その他によつて深夜業の割増賃金を含めて所定賃金が定められ
ていることが明らかな場合には別に深夜業の割増賃金を支払う
必要はない」（昭23・10・14　基発第1506号）としています。

　したがって、貴社の場合も深夜業に従事するパートタイム労
働者の時給について、たとえば、時給を1,350円と定め、その
うち所定賃金部分が1,000円で深夜業の割増賃金部分が350円（法
律上は250円）であることを就業規則などで明らかにすれば、
時給額を深夜業の割増賃金額込みの額で設定することは可能で
す。

　しかし、時給額を深夜業の割増賃金を含めた額で設定されて
いることが明らかにされていない場合には、時給が通常勤務の
パートタイム労働者より高くても、別に深夜業に対する割増賃
金を支払う必要があります。

喫煙に行っている時間を
労働時間からカットしたいが

Q18 令和2年4月1日施行の健康増進法の改正に合わせ、弊社では屋内を全面禁煙とし、喫煙者には屋外の喫煙場所でのみ喫煙を認めることとしました。

　ところが、喫煙者が喫煙場所に行って、タバコを吸って戻ってくるのに10分から15分ぐらいかかるため、非喫煙者から不満が出てきました。

　解決方法として、喫煙場所にタバコを吸いに行っている時間を労働時間からカットすることにしたいと思いますが、法律上何か問題があるでしょうか。

A 離席で指揮命令下を脱していると
　　評価されるため可能

　改正後の健康増進法施行により、令和2年4月1日から受動喫煙防止のため、屋内を全面禁止とし、喫煙場所を屋外に設けた事業場が多いと聞いています。

　しかし、喫煙場所が、屋外に設けられて遠くなったため、タバコを吸いに行って帰ってくるのに時間がかかるようになってしまいました。

　当然、タバコを吸わない労働者にしてみれば、その間「自分たちが一生懸命働いているのに、彼らはさぼっている」「不公平だ」というような不満の声が出てくるわけで、御社同様、多

くの事業場でこうした新たな問題が生じてきています。

　かつては、作業をしながら煙草を吸うということが許されており、いちおう仕事の手は休めていないというかたちにはなっていました。

　職務専念義務の観点からは若干問題はあるとしても、まだ許容範囲でした。

　さらに、仮に手を休めて、実際には仕事をしていなくても、厳密にいうと、確かに感心しませんが、作業場所から離席をしていなければ、使用者の指揮命令下にあり、何かあればすぐに対応できる状態にあるわけですから、労働時間といえなくもありません。

　しかしながら、ご質問のように、作業場所を遠く離席し、戻ってくるのに10分も15分もかかるとなると問題です。

　真面目に作業をしている労働者にすれば、当然、「さぼっている」ということになります。

　さらに、これまでと違い、非喫煙者にとっては受動喫煙による健康被害ということを考えれば、そう寛容にはなれないでしょう。

　しかも、タバコを吸うのが１日に何回にも及ぶとなると不満も一層大きくなるものと思われます。

　このように考えると、実際に作業場所を離席し、使用者の指揮命令下を脱した状態にあるわけですから、その間の時間は労働時間から除外するのもやむを得ないといわざるを得ません。

　喫煙時間と労働時間の問題が争われた裁判例として、泉レス

トラン事件（平26・8・26　東京地判）があります。これは被告傘下のコンビニエンスストアでのケースで、喫煙場所が作業場所からかなり離れており、往復で10分前後かかるということでした。

　しかも、喫煙に行くのは1日4〜5回以上に及んでいたといいます。このため、東京地裁は、喫煙時間について、会社の指揮命令下から脱していたと評価するのが相当だとして、労働時間とは認めませんでした。

　こうしたことから、御社の場合でも、労働時間から喫煙時間をカットするのに問題はないと思われます。

どんな労働ならみなし規定の適用可能か

Q 19 みなし労働時間制についてお伺いいたします。
当社は、教育関係図書の出版販売を行っています。

他の部門はそうでもないのですが、営業部員は、地方出張や直行直帰業務、午前中は社内にいて午後から社外へ出てそのまま帰宅するといった社外就労のケースが多いのですが、こうした場合、いずれもみなし労働時間制が適用されますか。

また、社外就労の場合で、携帯電話を持たせたり、定期的に電話連絡などを義務付けたりしたとき、みなし労働時間制の適用はいかがなりますか。

A 事業場外労働で労働時間の把握困難な場合

事業場外労働におけるみなし労働時間制の適用については、①使用者の具体的な指揮監督が及ばず、②労働時間の算定が困難なとき、が大前提です。したがって、この２つの要件を充足しているかどうかが、事業場外労働にみなし労働時間制が適用できるか否かの尺度になります。

こうした点につき、施行通達の考え方は次のようなものです。

「次の場合のように、事業場外で業務に従事する場合であっても、使用者の具体的な指揮監督が及んでいる場合については、

携帯電話等で
随時指示を
受けて
働いている場合
「みなし規定」は
適用されない

使用者の具体的な指揮監督が及んでいるか否かがポイント

労働時間の算定が可能であるので、みなし労働時間制の適用は
ないものであること。

①　何人かのグループで事業場外労働に従事する場合で、その
　　メンバーの中に労働時間の管理をする者がいる場合

②　事業場外で業務に従事するが、無線や携帯電話等によって
　　随時使用者の指示を受けながら労働している場合

③　事業場において、訪問先、帰社時刻等当日の業務の具体的
　　指示を受けたのち、事業場外で指示どおりに業務に従事し、
　　その後事業場にもどる場合」（昭63・1・1　基発第1号）

　　そこで、おたずねの点に従ってみてみましょう。まず、出張
の場合ですが、出張に管理者が同行しているとか、出張先に管
理者がいるときは、その人の具体的な指揮監督を受けますので、

みなし労働時間制の適用は考えられません。そうしたことがない場合は、労働時間の算定が困難でしょうから、みなし労働時間制が適用できます。

　直行直帰、すなわち自宅などから直接用務先に出かけ、そこから直接帰宅する場合、始業・終業時のみ出社が義務付けられておりその間は社外就労といったケース、あるいは午後の時間が社外就労でそのまま帰宅する場合についても、使用者の具体的な指揮監督が及んでおらず、労働時間の算定ができないときは、みなし労働時間制が適用できます。

　では、事業場外就労者に携帯電話を持たせた場合は、どう考えればよいでしょうか。施行通達の考え方によれば、無線や携帯電話等によって随時使用者の指示を受けながら労働している場合については、みなし労働時間制の適用を否定しています。

　単に無線や携帯電話等を持たせていれば、すべてみなし労働時間制の適用がないわけではありませんが、それがどのような形で利用されているかを含めて、使用者の指揮監督が及んでいるかどうかを判断することになります。

適用は事業場単位で判断してよいのか

Q20　労働時間は、従業員の数によっては特例措置が講じられることは知っていますが、当社の次のようなケースはどう考えればよいのでしょうか。

　私どもの会社は、従業員50人ほどの食料品製造業で、弁当やサンドイッチを地元のコンビニエンスストアに納めています。ところで、納品先の許可を得て今度最寄りの駅構内に直営店を出すことになったのですが、ここの従業員数はどう考えても5人を超えることにはなりそうにありません。

　直営店の販売員の数は、工場とは別にカウントして構わないのでしょうか。これが独立した事業場となる場合、規模10人未満の商業ということで、週44時間労働制を適用することは可能でしょうか。

A　場所が離れていれば工場ごとにカウント

　労働基準法では、週の法定労働時間が40時間とされています。ただし、ご指摘のように労働基準法第40条は労働時間及び休憩に関する同法の規定の適用について特例を定め、①商業、②映画演劇業（映画の製作の事業を除く）、③保健衛生業、④接客娯楽業のうち常時使用する労働者の数が10人未満の事業（以下、本書で「特例措置対象事業場」という）については、週の法定

労働時間を44時間とする措置を講じています（労働基準法施行規則第25条の２）。

　ところで、労働基準法上では「事業」とされていますが、同法の適用単位は事業場ごとが原則とされています。解釈例規では、「事業とは、工場、鉱山、事務所、店舗等の如く一定の場所において、相関連する組織のもとに業として継続的に行われる作業の一体をいうのであって、必ずしもいわゆる経営上一体をなす支店、工場等を総合した全事業を指称するものではないこと」（昭22・9・13　発基第17号など）とされています。

　ですから、本社、支社、支店などを総合したいわゆる一企業という単位ではなく、それぞれが一つの独立した事業とみなされて法の適用が図られるわけです。

　したがって、ご質問の直営店も工場とは独立した一つの事業場としてとらえることになり、直営店は前述の労働時間の特例措置の対象業種とされることから、従業員の数が10人未満であれば、週の法定労働時間は44時間ということになります。

　ただし、たとえば本社と工場あるいは本店と支店とが同一の場所にあるような場合は、「一の事業であるか否かは主として場所的観念によって決定すべきもので、同一場所にあるものは原則として分割することなく一個の事業とし、場所的に分散しているものは原則として別個の事業とすること」（前掲通達）とされていますので、一つの事業として取り扱うことになります。

　ただ、同一の場所であっても著しく労働の態様を異にする部門がある場合で、その部門を主たる部門と切り離して法を適用

することが適切な場合には、その部門を一つの独立した事業とすることとされています。たとえば、工場内の診療所や新聞社の印刷部門などは、この場合に該当するとされています。

第3章

時間外労働と
36協定

平成31年4月からの改正労基法での時間外労働の上限規制 1カ月100時間未満、1年720時間まで可能なのか

Q21 　時間外労働についておたずねします。当社は現在、時間外労働については、1カ月40時間、1年300時間までと定めています。平成31年4月1日施行の改正労働基準法では、時間外労働は1カ月45時間、1年360時間と定められ、特別な事情があれば1カ月100時間未満（休日労働含め）、1年720時間までとされたということです。そうすると、その時間までは時間外労働をさせることができるということになったのでしょうか。

A 時間外労働は 労使協定を締結し届け出た範囲内に限る

　労働時間については、労働基準法第32条で、1週間については40時間、1日については8時間を超えて労働させてはならないとされています。ただし、業務の都合などにより、この時間を延長しなければならないケースが生じることも考えられます。そのため同法第36条第1項では「使用者は、当該事業場に、労働者の過半数で組織する労働組合がある場合においてはその労働組合、労働者の過半数で組織する労働組合がない場合においては労働者の過半数を代表する者との書面による協定をし、厚生労働省令で定めるところによりこれを行政官庁に届け出た場合においては、…その協定で定めるところによつて労働時間を

延長し、又は休日に労働させることができる」と定められています。ここでいう労使が結ぶ協定を一般に同法第36条にちなんで「36協定」と呼んでいます。

　つまり、労働者に時間外労働と休日労働を行わせる場合に、36協定を結ぶことによって、その範囲で例外的に認めるものです。

　改正前の同条旧第２項では「厚生労働大臣は、労働時間の延長を適正なものとするため、前項の協定で定める労働時間の延長の限度その他の必要な事項について、労働者の福祉、時間外労働の動向その他の事情を考慮して基準を定めることができる」とし、36協定で定める労働時間の延長の限度などについて厚生労働大臣が定めるとされ、具体的には「労働基準法第36条第１項の協定で定める労働時間の延長の限度等に関する基準（平成10年労働省告示第154号）」において「１カ月45時間」、「１年360時間」までなどとした限度基準が規定されていました。

　36協定はこれらの限度基準内で定める必要がありましたが、「限度時間を超えて労働時間を延長しなければならない特別の事情（臨時的なものに限る。）」が生じ、「限度時間を超える一定の時間まで労働時間を延長することができる旨及び限度時間を超える時間の労働に係る割増賃金の率を定める場合」はこの限りではないとされていました（同告示）。

　また、その場合「限度となる時間は定められておらず、労使当事者の自主的協議に委ねられている」ため、実質無制限に時間外労働が認められていました。

　そのため、平成31年４月１日から施行されている改正後の労

働基準法第36条では、時間外労働時間について罰則付きの上限規制が定められ、改正前の青天井状態が是正されたことになります。

これにより、時間外労働の上限時間は原則「1カ月45時間、1年間360時間」※までとされ（同条第4項）、特別条項が適用される臨時的な場合でも最長で「1カ月100時間」（休日労働含む）、「1年間720時間」までとされています（同条第5項）。

休日に関しては同法第35条に「①使用者は、労働者に対して、毎週少くとも1回の休日を与えなければならない。②前項の規定は、4週間を通じ4日以上の休日を与える使用者については適用しない」とあるように、「週1日または4週4日」の法定休日を労働者に与えなければなりません。休日労働とはこの法定休日に労働することをいいます。

休日労働自体については特に改正は行われてはいませんが、特別条項の1カ月の協定時間等において、新たに休日労働の時間数を合算することとされています。加えて、同条第6項では、時間外労働の規制と合わせ実労働時間の規制として「2カ月〜6カ月平均80時間以下（休日労働含む）」とされています。

ご質問では時間外労働が「特別な事情があれば1カ月100時間未満（休日労働含め）、1年720時間までとされたということです。そうすると、その時間までは時間外労働をさせることができるということになったのでしょうか」とのことですが、御社の場合は「1カ月40時間、1年300時間まで」とすでに36協定を結んでいるため、それを超えて労働させることはできません。

仮にこれから、「１カ月100時間未満、１年720時間まで」を時間外・休日労働の上限とする形で変更する場合には、特別条項付きの36協定を結び直し、所轄の労働基準監督署に届出をする必要があります。

※　対象期間が３カ月を超える「１年単位の変形労働時間制」の場合は、「１カ月42時間・１年320時間」

「1日、1カ月、1年」以外の期間で協定できるか

Q22　　働き方改革関連法により改正された新36協定で
は、延長できる時間外労働時間を1日、1カ月、1
年の3つの期間についてそれぞれ協定することになっていま
すが、これ以外の期間についてはどうなのでしょうか。

たとえば、1カ月未満や1年未満の有期契約労働者の場合
はどうしたらよいかお教えください。

A　契約期間に合わせた目安時間による協定も可

働き方改革関連法により労働基準法第36条が改正され、時間
外・休日労働の労使協定（36協定）で延長時間について協定す
べき事項が改められました。

改正前は、協定すべき事項は「1日及び1日を超える一定の
期間（1日を超え3カ月以内の期間及び1年間）についての延
長することができる時間」でしたが、改正後は「対象期間にお
ける1日、1箇月及び1年のそれぞれの期間について労働時間
を延長して労働させることができる時間」（改正後の労働基準
法第36条第2項第4号）とされました。

そこで、ご質問のようにそれ以外の期間についてはどうする
のかということですが、これについては、行政解釈（平30・
12・28　基発第1228第15号）では「1日、1箇月及び1年に加

基本的には1日、1カ月の延長時間に倣うかたちで運用
していけばよい

えて、これ以外の期間について延長時間を定めることも可能で
ある」としているところです。

　しかしながら、労働基準法上は、「1日、1箇月及び1年」
以外の場合に延長できる労働時間について具体的な基準が示さ
れているわけではありませんので、基本的には1日、1箇月の
延長時間に倣うかたちで運用していけばよいということになる
でしょう。

　ただし、一方で厚生労働省は、「労働基準法第三十六条第一
項の協定で定める労働時間の延長及び休日の労働について留意
すべき事項等に関する指針」（平30・9・7　厚生労働省告示
第323号）の第6条（1箇月に満たない期間において労働する
労働者についての延長時間の目安）において、「労使当事者は、

期間の定めのある労働契約で労働する労働者その他の1箇月に満たない期間において労働する労働者について、時間外・休日労働協定において労働時間を延長して労働させることができる時間を定めるに当たっては、別表の上欄に掲げる期間の区分に応じ、それぞれ同表の下欄に掲げる目安時間を超えないものとするように努めなければならない」とし、別表において、具体的な数字として1週間15時間、2週間27時間、4週間43時間という目安時間を示していますので、1箇月に満たない期間については、これに従い協定すればよいということになります。

　さらに、それ以外の期間についても、次のいずれかに該当する場合は、目安時間は、当該期間の区分に応じ算出された、それぞれの時間とするとしています。

① 　1日を超え1週間未満の日数を単位とする期間：15時間に当該日数を7で除して得た数を乗じて得た時間

② 　1週間を超え2週間未満の日数を単位とする期間：27時間に当該日数を14で除して得た数を乗じて得た時間

③ 　2週間を超え4週間未満の日数を単位とする期間：43時間に当該日数を28で除して得た数を乗じて得た時間（その時間が27時間を下回るときは、27時間）

　また、算出された時間に1時間未満の端数があるときは、1時間に切り上げることになります。

　なお、これらの目安時間については、努力義務ということになっていますが、上記の行政解釈では、「この場合において、当該期間に係る延長時間を超えて労働させた場合は、（労働基準）

法第32条違反となる」としていますので、注意が必要です。

追加された「対象期間」は「有効期間」とどう違うのか

Q23 　36協定の「対象期間」についておたずねします。働き方改革関連法による改正労働基準法では、36協定の締結事項に、新しく「対象期間」が追加されていますが、従来の「有効期間」とどう違うのですか。

A 　時間外・休日労働をさせることができる期間で1年に限る

　労働基準法第36条の定めにより、使用者は、労働者に時間外・休日労働をさせる場合、職場の過半数労働組合または労働者代表といわゆる36協定を締結し、所轄の労働基準監督署に届け出なければなりません。

　そして、働き方改革関連法により改正される前の労働基準法では、36協定の締結事項の一つに、労働協約による場合を除き、協定の「有効期間」を定めるということが挙げられていました（旧労働基準法施行規則第16条第2項）。

　他方、改正後の労働基準法には、この「有効期間」のほかに、さらに1年間の「対象期間」を定めることが追加されました（改正後の労働基準法第36条第2項第2号）。

　そこで、上記「有効期間」と「対象期間」の違いということになります。

　まず、改正後の労働基準法においても「有効期間」の内容は

基本的には改正前と変わらず、当該協定が効力を有する期間であり、「対象期間」と違って期間の限度は特に定められていません。

　しかしながら、実際には厚生労働省の行政解釈（平30・12・28　基発第1228第15号）によると、「対象期間が１年間に限られることから、有効期間は最も短い場合でも原則として１年間となる」とされているところです。

　さらに、「時間外・休日労働協定について定期的に見直しを行う必要がある」ことなどを理由に、これまでと同様、「有効期間は１年間とすることが望ましい」という考え方を示しています。

　これに対して、「対象期間」の方は、改正後の労働基準法第36条第１項の規定により労働時間を延長しまたは休日労働をさせることができる期間のことであり、同条第２項第２号で「１年間に限る」と定められています。

　また、改正後の労働基準法施行規則第17条第１項第２号により、この１年についての起算日を定めることとされ、これにより、「対象期間」が特定されることになります。

　このほか、「有効期間」と「対象期間」の関係について、上記行政通達は、「時間外・休日労働協定において１年間を超える有効期間を定めた場合の対象期間は、当該有効期間の範囲内において、当該時間外・休日労働協定で定める対象期間の起算日から１年ごとに区分した各期間となる」と述べているところです。

　なお、36協定の届け出様式（様式第9号等）においては、「対象期間」については、有効期間のような「協定の対象期間」という欄はなく、「起算日」の欄に日付を記載することによって1年間の「対象期間」が特定されることになります。

　したがって、事業が完了するまでの期間、または業務が終了するまでの期間が1年未満の場合でも、協定の「対象期間」は1年間とされます。

　ちなみに、「1箇月」の起算日についてですが、協定の対象期間の初日から1カ月ごとに区分した各期間の初日が「1箇月」の起算日になるという考え方になります。

10人未満の事業場でも36協定の締結が必要か

Q24 　労働者の数が10人未満のため、弊社は就業規則の作成が免除されています。

令和2年4月から中小企業でも36協定の取扱いが変わったという話ですが、そもそも弊社のような零細事業場が時間外労働をさせる場合でも、36協定が必要なのですか。

仮に時間外労働をさせたとしても、手当さえ払えばそれでよいのではないでしょうか。

....

A　就業規則の作成義務と違うため免除されない

労働基準法第89条は、事業場において労働者が就業上守るべき規律や労働時間、賃金その他の労働条件等の具体的細目を定める就業規則について、「常時10人以上の労働者を使用する使用者は、次に掲げる事項について就業規則を作成し、行政官庁に届け出なければならない」と規定しています。

したがって、規模10人未満の事業場については、使用者の事務能力等を考慮して、その作成・届け出を免除しているところです。

同条のいう「次に掲げる事項」には、始業・終業時刻をはじめ休憩時間、休日など労働時間に関する事項が掲げられているため、規模10人未満の使用者の中には、労働時間を定める就業

規則の作成を免除されているのだから、時間外労働についてのいわゆる36協定も締結しなくてもよいと勘違いされている人もおられるようですが、そのようなことはありません。

たしかに就業規則は作成しなくてもよいのですが、だからといって、ほかの労働時間や賃金などの規制まで免除されているわけではないのはいうまでもないことです。

当然、１日８時間・１週40時間（特例措置対象事業場は、１日８時間・１週44時間。Q20参照）の法定労働時間を超えて労働させる場合は36協定の締結・届け出が必要ですし、令和２年４月以降、月45時間・年360時間以内という時間外労働の原則限度時間や特別条項の単月100時間未満（休日労働時間を含む）・年720時間以内等の上限規制が規模に関係なく適用になったわけで、中小零細事業場の使用者もそれに従わなくてはなりません。

また、時々「うちはほとんどがパートタイム労働者とアルバイトだから……」というようなことをおっしゃる使用者がいますが、たとえ使用しているのがパートタイム労働者やアルバイトだけだとしても労働者であることに変わりはなく、その数が10人以上であれば、就業規則を作成しなければいけませんし、たとえ労働者がアルバイト１人であったとしても36協定は締結しなければならないのです。

おそらく実際にはあまりないのでしょうが、事業場に管理監督者しかいないというようなケースを除き、アルバイトを１人でも使っていれば、時間外労働をさせるためには36協定の締結・届け出が必要になるということです。

あとは、もう一つのご質問の時間外労働をさせても、手当を払えばそれでよいのではないかという点についてです。

　その場合は、たしかに「労働基準法第37条（時間外、休日及び深夜の割増賃金）」違反は免れるような形になるとしても、その前にそもそも36協定を締結していなければ、労働者に時間外労働を命じることはできませんし、仮に締結せずに時間外労働を行わせれば、法定労働時間を定めた同法第32条違反となり、6カ月以下の懲役または30万円以下の罰金に処せられることになりますので、当然、それは認められません。

休日労働の後すぐに代休を与えれば 36協定は不要か

Q25 休日労働と代休についてお伺いします。弊社では、労働者に休日労働をさせても、その後すぐに代休を与えることとしています。

こうした場合は、36協定は不要だと思いますが、いかがでしょうか。

....

A 法定休日なら協定の締結・届け出と 割増賃金支払いが必要

休日労働に代休を与える場合の取扱いについては、休日労働をさせた休日が法定休日かそれ以外の休日かによってその対応が違ってきます。

まず、法定休日の場合についてです。労働基準法第35条では、「使用者は、労働者に対して、毎週少くとも1回の休日を与えなければならない」としており、法定休日の基本は週1回です。

もっとも同条の第2項では、「前項の規定は、4週間を通じ4日以上の休日を与える使用者については適用しない」と、4週4日以上の範囲での例外も認めています。

こうした法定休日に休日労働をさせる場合には、ご質問のように、たとえすぐに代休を与えることとしていても、必ず36協定が必要になります。

すなわち、法定休日に関しては労働基準法第36条により、事

法定休日に労働をさせた場合は、たとえすぐに代休を与えること
としていても、必ず36協定が必要

業場の過半数労働組合または過半数代表者との時間外・休日労
働協定、いわゆる36協定の締結・届け出と、同法37条により、
3割5分以上の割増賃金の支払いが義務付けられているからで
す。

　ただし、この場合でも、休日労働が禁止されている満18歳に
満たない年少者については除外しなければなりません。

　労働基準法第36条の定めによると、36協定の締結に際しては、
「休日労働をさせる労働者の範囲」「休日労働をさせることがで
きる場合」「労働させることができる休日の日数」などの事項
を協定しなければなりません（同法36条第2項）。

　所定の届出様式（様式第9号）では、①休日労働をさせる必
要のある具体的事由、②業務の種類、③満18歳以上の労働者数、

④所定休日（任意）、⑤休日労働をさせることができる法定休日の日数、⑥労働をさせることができる法定休日における始業及び終業の時刻について記入することが求められています。

　もう一方は、法定休日以外の休日の場合についての取扱いです。

　たとえば、週休２日制による法定休日を上回る休日や国民の祝日がこれに当たります。

　これらの休日に働かせても、いずれも労働基準法上の休日労働にはならないので、36協定は不要ですし、法定の割増賃金を支払う必要もないということになります。

　仮に、週休２日制で土・日曜日を休日と定めていて、どちらが法定休日かはっきりしない場合でも、どちらかの１日の休日を休ませていれば法定の休日付与の要件は充足していることになりますので、他の日の労働はその事業場で定める休日勤務に該当しても、法律上の休日労働にはなりません。

　休日勤務手当を払うかどうか、あるいは払うにしてもその金額は事業場で自由に決めることになります。

　ただし、これらの休日に労働した結果、週の実労働時間が法定労働時間（40時間、特例措置対象事業場は44時間（Q20参照））を超えると時間外労働が発生しますので、注意する必要があります。

　なお、休日労働の取扱いについては、代休のほかに、休日振替というやり方がありますが、こちらは、あらかじめ休日と定められた日を通常の労働日とし、労働日となったその休日を他の日に移すという方法です。

そうすると、代休の方は、本来休日である日にそのまま労働させるため、代わりに他の日に休日を与えたとしても、「休日労働」という事実は消えませんが、これに対し、休日振替の場合は、事前に所定休日を労働日に移し替えてしまっていますから、第一に休日労働そのものが成り立たないということになります。

　したがって、休日振替であれば、その日が法定休日であったかどうかは関係なくなりますし、当然36協定の締結・届け出や割増賃金支払いの必要もないということになるわけです。

　さらに、休日労働ではないので、満18歳未満の年少者でも働かせることも可能ということになります。

時間外規制にあわせ、休日労働数も制限されるのか

Q26 労働基準法の改正により、法律上、時間外労働の上限規制が設けられましたが、これらの時間外労働の規制強化にあわせ、休日労働の日数やその時間数についても何か制限が課せられたのでしょうか。

A 特別条項等で上限時間数の合算が導入され実質的な制限が

働き方改革関連法により、労働基準法第36条の改正が行われ、いわゆる36協定の締結・届出手続が大きく変更されましたが、休日労働の日数や時間数については、直接規制されるような改正は行われていません。

ただし、時間外労働の上限規制の法制化に伴い、特別条項の規制に新たに時間外労働と休日労働の時間数を合算する方式が導入されたため、実質的には休日労働が制限される結果となっています。

この点について、もう少し詳しくご説明します。

今回の同法第36条の改正により時間外労働の限度時間が従来の告示から法律で罰則付きで規制されることになり、法定労働時間を超えてできる時間外労働は月45時間、年360時間以内が原則とされました。

時間数の規制としては改正前の告示通りですから、基本的に

は変わりはありません。

　しかし、問題は臨時的な特別の事情がある場合の特別条項です。

　例外的に年6回に限り、月45時間を超えて年720時間まで時間外労働が可能としています。

　ただし、単月では100時間未満、複数月（2カ月、3カ月、4カ月、5カ月、6カ月）では平均80時間以内という制限が設けられ、しかも、この場合いずれも休日労働を含んだ時間制限とされました。

　ちなみに、ここでいう休日労働とは法定休日のことを指し、週休2日制の会社でそれ以外に付与するいわゆる所定休日などの法定外休日は含まれません。こちらは時間外労働として扱われます。

　また、労働基準法上、基本的には時間外労働と休日労働（法定）とは別扱いとなっていますが、労災認定のいわゆる過労死ライン（平13・12・12　基発第1063号。脳・心臓疾患（過労死等）の労災認定基準）との絡みで、時間外労働の上限規制のうち単月と2〜6カ月間の複数月の規制に限り合算することとなったものです。

　そこで、改正法による特別条項の時間外労働と休日労働の関係を具体的にみてみますと、仮に法定通り年に6回、月45時間を超えて時間外労働をさせる場合、年720時間の上限には休日労働は含みませんが、単月の上限の100時間未満と、複数月の上限の平均80時間以内には休日労働が含まれます。

　したがって、これらの制限をクリアするためには、休日労働

をさせれば、その分時間外労働を減らさなければなりませんし、逆に時間外労働をフルに行わせるということになれば、休日労働をさせることができません。

そのため、実質的には、年のうち6カ月間は休日労働が制限されてしまうという結果になるわけです。

ところで、これらの上限規制の違反には6カ月以下の懲役または30万円以下の罰金が科せられることになりました。

当然、従来にも増して適正な労働時間管理が重要になりますので、厚生労働省の「労働時間の適正な把握のために使用者が講ずべき措置に関するガイドライン」（平29・1・20）に沿った運用が必要です。

同ガイドラインでは、使用者は、労働者の労働日ごとの始業・終業時刻を確認し、適正に記録することとし、原則的な方法として、①使用者が自ら現認することにより確認する、②タイムカード、パソコンの使用記録等の客観的な記録を基礎とする、などの措置を挙げています。

また、特にやむを得ず自己申告制で労働時間を把握する場合には、①申告者や管理者に対し、適正運用等についてガイドラインに基づく措置の十分な説明を行う、②自己申告と客観的な記録等の時間に著しい乖離がある場合は実態調査を実施し、補正をする、③申告時間数の上限を設ける等適正な自己申告を害する措置を設けてはならない、としている点に留意しなければなりません。

従来通り限度時間を超えた36協定でも有効か

Q27 改正された労働基準法第36条による時間外労働の限度時間についておたずねします。

従来は、限度基準告示の限度時間を超えた協定を結んでも協定自体は無効にはならないとされていたはずです。

今回の改正によっても、こうした点は変わらないという理解でよいのでしょうか。

A 告示から法律事項に格上げされており無効に

ご質問にあるように、たしかに、改正前の労働基準法第36条では、時間外労働について、使用者に対し、労使による書面協定の締結と労働基準監督署長への届け出を義務付けていましたが、時間外労働時間数そのものについては労使両当事者の問題として、法律上の規制は加えていませんでした。

その代わりに、いわゆる限度基準告示（平10・12・28 労働省告示第154号「労働基準法第三六条第一項の協定で定める労働時間の延長の限度等に関する基準」）で限度時間を設け、協定時間を極力その範囲内に収めるよう指導してきました。

しかし、これはあくまでも告示による努力義務的なものにすぎず、おっしゃるように協定時間が限度時間を超えていたからといって、直ちに協定が無効になるというわけではありません

でした。

　ところが、今回の改正により定められた月45時間、年360時間以内の限度時間（労働基準法第36条第4項）、特別条項による1カ月100時間（休日労働を含む）未満、年間720時間以内の限度時間（同条第5項）及び年6カ月以内の月数の上限はいずれも法律事項に格上げされていますので、これらの時間や月数を超えた協定は法律違反ということになってしまいます。

　したがって、限度時間を超えた協定は無効ということになります。こうした点については、厚生労働省の行政解釈（平30・12・28　基発1228号第15号）も、限度時間等は「いずれも法律において定められた要件であり、これらの要件を満たしていない時間外・休日労働協定は全体として無効である」としているところであり、上記法律事項を満たす協定としなければなりません。

　また、あわせて、今回の改正では、「労働基準法第三十六条第一項の協定で定める労働時間の延長及び休日の労働について留意すべき事項等に関する指針」（平30・9・7　厚生労働省告示第323号）が定められました。

　同指針では、使用者に対し、安全配慮義務を負っており、長時間労働と過労死との関連性に留意しなければならないとしているほか、労使双方に①時間外・休日労働は必要最小限にとどめる、②業務区分を細分化し、範囲を明確にする、③限度時間を超える場合をできる限り具体的に定め、限度時間に近づける、⑤1カ月未満の目安時間1週間15時間、2週間27時間、4週間

43時間を超えない、⑥休日労働の日数、時間数をできる限り少なくする、⑦労働者の健康・福祉を確保する──などを求めています。

それでは、この指針を守っていない36協定の場合はどうかということになりますが、こちらの方は法律事項ではなく、改正前の限度時間告示と同様指針にすぎませんので、協定が法定要件を満たしている限りは直ちに無効とはされません。

ただし、前記行政通達では、「法第36条第9号の規定に基づく助言及び指導の対象となる」としており、労働基準監督署から指針を守るよう助言や指導を受けることになりますので、注意してください。

対象期間途中における 36協定の締結し直しは可能か

Q28 届け出が済んでいる36協定について、たとえば、業務の都合などにより協定時間を変更する必要が生じてしまった場合に、対象期間の途中でも改めて協定を締結し直すことは可能ですか。

．．

A やむを得ない場合は可能だが、当初の協定時間等の遵守を

　労働基準法第36条による、いわゆる36協定の締結は、法定労働時間を超えて時間外・休日労働を行うために必要な例外的措置であり、法規に則り労使が書面で延長時間等を締結し、労働基準監督署長に届け出なければなりません。

　いったんこうした手続きを経て成立した協定を事情が変わったからといって、途中で簡単に破棄し、変更するというようなことが望ましくないのはいうまでもありません。

　厚生労働省の行政解釈（平30・12・28　基発1228第15号）でも「時間外労働の上限規制の実効性を確保する観点から、法第36条第4項の1年についての限度時間及び同条第5項の月数は厳格に適用すべきものであり、〔中略〕対象期間の起算日を変更することは原則として認められない」としているところです。

　しかしながら、まったく認められないかというと、必ずしもそうではなく、他方で例外も認めています。

複数の事業場を有する会社が、対象期間を全社的に統一する等やむを得ない場合は可能

　同通達によれば、具体的なケースとして「複数の事業場を有する企業において、対象期間を全社的に統一する場合のように、やむを得ず対象期間の起算日を変更する場合」を挙げており、やむを得ない場合には変更も例外的に可能としています。

　ただし、その場合は、「時間外・休日労働協定を再締結した後の期間においても、再締結後の時間外・休日労働協定を遵守することに加えて、当初の時間外・休日労働協定の対象期間における１年の延長時間及び限度時間を超えて労働させることができる月数を引き続き遵守しなければならない」としており、結果的に二重の規制を受けることになりますので、要注意です。

　ちなみに、以上は労働者の過半数を代表する者（過半数労働者）と締結している36協定（労使協定）の場合であり、会社に過半

数を超える労働者で組織する労働組合（過半数労働組合）がある場合には、若干事情が異なってきます。

　といいますのも、36協定が労働協約の場合は有効期間を定めなくてもよいとされており（改正後の労働基準法施行規則第17条第1項第1号）、行政解釈では「時間外、休日労働の協定であっても労働組合との間に締結され当事者の署名又は記名押印があれば、その協定が施行規則第16条第2項〔改正第17条第1項第1号〕の労働協約と解される」（昭27・9・20　基発第675号）としているからです。

　それでは、36協定が労働協約である場合になぜ有効期間を定めなくてもよいかといいますと、労働組合法により別途有効期間を規制しているためです。

　つまり、同法では労働協約の有効期間を最長3年とするとともに、有効期間を定めない協約を認め、その場合には、当事者の一方が、署名または記名押印した文書で90日前に予告すればいつでも解約できることになっており、36協定が労働協約の場合であれば同様の扱いとされます。

　したがって、こうした場合には、会社の都合ということではなく、組合側の事情による36協定の対象期間途中の破棄・再締結という事態が想定されることになります。

　しかし、その場合でも、長時間労働の是正という観点から、時間外・休日労働の事由や限度時間を具体的かつ詳細に定めるとなるとおのずと有効期間の長さは短くならざるを得ないでしょうし、再締結の場合には、上記行政解釈（基発1228第15号）に

従い、当初に協定した限度時間・月数を順守する必要があるで
しょう。

　なお、協定で、１年を超える有効期間を定めた場合の対象期
間は、当該有効期間の範囲内において、当該36協定で定める対
象期間の起算日から１年ごとに区分した各期間となります。

特別条項付き協定の取扱いは どのように変わったのか

Q29 働き方改革関連法により労働基準法第36条が改正されましたが、臨時的に特別の事情がある場合に、限度時間を超えて労働させることを36協定に付記する特別条項付き協定の取扱いはどのように変わったのですか。

A　時間の規制以外は従来通り労使の合意を尊重

　改正後の労働基準法第36条第5項によると、特別条項付き協定を結ぶことができるのは「当該事業場における通常予見することのできない業務量の大幅な増加等に伴い臨時的に第3項の限度時間を超えて労働させる必要がある場合」とされています。

　そして、上記の「場合」とは、「全体として1年の半分を超えない一定の限られた時期において一時的・突発的に業務量が増える状況等により限度時間を超えて労働させる必要がある場合」をいうものであり、「通常予見することのできない業務量の増加」については、「こうした状況の一つの例として規定されたもの」との行政解釈が厚生労働省により示されています（平30・12・28　基発1228第15号）。

　この点、改正前においては、特別条項の締結は「限度時間を超えて労働時間を延長しなければならない特別の事情（臨時的なものに限る。）が生じたときに限」るとしており、「臨時的な

もの」の意味は、「一時的又は突発的に時間外労働を行わせる必要があるものであり、全体として1年の半分を超えないことが見込まれるもの」というものでした。

　したがって、改正前と改正後で、特に実務処理上大きな方向転換が行われたというわけでもなく、従来通り労使の合意を尊重する考え方が生かされている点に変わりはないということができるでしょう。

　上記行政解釈においても、「具体的にどのような場合を協定するかについては、労使当事者が事業又は業務の態様等に即して自主的に協議し、可能な限り具体的に定める必要がある」としているところです。

　一方、これまでと大きく異なるのは、協定時間について、今改正の目玉でもある1月100時間未満（休日労働を含む）、1年720時間以下という具体的な限度時間が示されたということです。

　さらに、時間外労働が月45時間を超えることができる月数は年間6カ月が限度とされ、これも特別条項で定めなければなりません。

　改正前のいわゆる限度基準告示では、限度時間を超えて延長できる労働時間の上限が設けられていなかったため、制度上、特別条項を付けると制限なく時間外労働をさせることが可能でしたが、これに強い歯止めがかけられることになったわけです。

　そのほか、協定で定めるべき事項については、基本的には主な項目は改正前と同じ取扱いとなっています。

　たとえば、「臨時的に限度時間を超えて労働させる必要があ

る場合」に関しては、改正前と同様、「業務の都合上必要な場合」や「業務上やむを得ない場合」など、恒常的な長時間労働を招くおそれがあるものを定めることは認められないとしていますので、「突発的な発注の変更・増加に対処するため」「道路事情の一時的な変化等によって到着時刻に遅延が生じた場合に対処するため」など具体的な定めとする必要があります。

　また、限度時間を超えて労働させる場合における「手続」は、１カ月ごとに限度時間を超えて労働させることができる具体的事由が生じたときに必ず行わなければならず、所定の手続を経ることなく、限度時間を超えて労働時間を延長した場合は、法違反となるので要注意です。

　さらに、限度時間を超える時間外労働に係る割増賃金率を１カ月及び１年のそれぞれについて定めなければならず、この割増賃金率については、労働基準法第89条第２号の「賃金の決定、計算及び支払の方法」として、就業規則に記載しなければなりません。

時間外規制の「複数月平均80時間以内」とは

Q30 　改正された特別条項付きの36協定についておたずねします。限度時間を超える場合の月100時間未満（休日労働を含む）と年720時間以内の協定時間の規制のほかに、「複数月平均80時間以内」という時間外規制が挙げられていますが、その内容をお教えください。また、これに違反するとどのような罰則が科せられるのでしょうか。

A　実際に時間外・休日労働をさせる場合の規制

　働き方改革関連法による労働基準法第36条の改正では、時間外・休日労働の規制について、いわゆる36協定あるいはその特別条項付きの協定により締結し、遵守しなければならない時間数と、それとは別に、実際に時間外・休日労働を行わせる場合に超えてはならない時間数の2つが設けられており、ご質問の時間外規制は後者に属するものです。

　実務的には、いずれも遵守しなければならないという点では変わりがないため、皆さんもその区別についてはあまり細かく気にかけておられないようですが、厳密には根拠条文がそれぞれ異なっていますので、そのあたりについて簡単にご説明します。

　まず、時間外労働の上限規制として、月45時間かつ年360時間以内という原則的な限度時間が示されていますが（改正労基

法第36条第4項)、これらは同法第36条第2項第4号により、1日に延長して労働させることができる時間とあわせ協定することが求められています。さらに、この限度時間を超えて労働させることができる時間として、年6回を限度に限度時間を含め月100時間未満（休日労働を含む)、年720時間以内とされていますが、こちらは特別条項として協定しなければなりません（同法第36条第5項)。

　一方、上記の協定時間とは別に、使用者が実際に労働者に時間外・休日労働を行わせる場合に守らなければならないものとして、①月100時間未満（休日労働を含む)、②複数月（2〜6カ月）で平均80時間以内（休日労働を含む）という時間外規制があります（同法第36条第6項)。このうち、①の月100時間未満は協定事項とダブるかたちとなっており、二重の規制がかけられています。複数月の方は、合計すれば2カ月160時間以内、3カ月240時間以内、4カ月320時間以内、5カ月400時間以内、6カ月480時間以内という規制になります。なお、他にもう一つ、坑内労働等の有害業務について、1日2時間以内という時間外規制がありますので、念のため。

　次に罰則についてですが、第一に、36協定あるいは特別条項付き協定により締結した時間数を超えて時間外労働をさせれば、協定により生じたいわゆる時間外労働の免罰効果がなくなり、労働基準法第32条違反になってしまうという点は改正前と変わりません。しかし、改正前と大きく違うのは、たとえ協定時間を守っていても、同法第36条第6項の時間をオーバーすれば法

違反とされ、こちらでも罰則が適用されてしまうということです。いずれの場合も、労働基準法第119条第1号により、6カ月以下の懲役または30万円以下の罰金となります。

> ### 新設された特別条項締結に必要な
> ### 健康福祉確保措置とは

Q31　労働基準法の改正により、36協定の特別条項を締結する際には、新たに健康福祉確保措置を定めることが必要になったということですが、具体的な内容をお教えください。

A　勤務間インターバルの導入や特別休暇付与など9項目から選択

　働き方改革関連法による労働基準法第36条が改正され、いわゆる36協定における時間外労働の限度時間は原則1カ月45時間、1年360時間とされましたが、例外的に特別条項を締結することで、1年720時間以内、休日労働時間を含み単月100時間未満、複数月平均80時間以内の時間外労働を年6回まで臨時的に行うことができることとされています。

　ただし、その場合は、「労働基準法第三十六条第一項の協定で定める労働時間の延長及び休日の労働について留意すべき事項等に関する指針」（平30・9・7　厚生労働省告示第323号）により示された健康福祉措置の一つを労使で協定することが求められています（改正後の労働基準法施行規則第17条第1項第5号）。

　新しく定められた様式、「時間外労働・休日労働に関する協定届（特別条項）」（様式第9号の2）の「記載心得」にも同措

［36 協定「特別条項」を締結］
健康福祉確保措置

経営者

・医師による面接指導
・深夜業の回数制限
・勤務間インターバル
etc

特別条項の新様式では９項目の措置から一つを選び、具体的な
内容を記入しなければならない

置が掲げられており、そのうちの一つを選択し、さらに具体的
な内容を記入することとされています。

　上記指針で示されている健康福祉確保措置は以下の９項目で
す（第８条）。

①　労働時間が一定時間を超えた労働者に医師による面接指導
　を実施する。

②　労働基準法第37条第４項に規定する深夜業（午後10時〜午
　前５時）の回数を１カ月について一定回数以内とする。

③　終業から始業までに一定時間以上の継続した休息時間を確
　保する（勤務間インターバルの導入）。

④　労働者の勤務状況及びその健康状態に応じて、代償休日ま
　たは特別な休暇を付与する。

⑤　労働者の勤務状況及びその健康状態に応じて、健康診断を実施する。

⑥　年次有給休暇についてまとまった日数連続して取得することを含めてその取得を促進する。

⑦　心とからだの健康問題についての相談窓口を設置する。

⑧　労働者の勤務状況及びその健康状態に配慮し、必要な場合には適切な部署に配置転換をする。

⑨　必要に応じて、産業医等による助言・指導を受け、または労働者に産業医等による保健指導を受けさせる。

　厚生労働省によると、このうち、②の労働基準法第37条第4項に規定する時刻、すなわち午後10時から午前5時（一部の地域等午後11時から午前6時）の間に労働させることができる回数制限については、所定時間内の深夜業の回数も含まれるとしており、さらに回数制限の目安については、労働安全衛生法第66条の2の自発的健康診断の要件が1カ月当たり4回以上の深夜業従事となっていること等を参考に協定すべきものとしています。

　また、③の休息時間については、使用者の拘束を受けない時間であるとしていますが、時間数については特に具体的な数字を示さず、各事業場の実態を踏まえて必要な内容を協定すべきであるとしているところです（平30・12・28　基発1228第15号）。

　なお、健康福祉確保措置の実施状況については、協定期間ごとに記録をしたうえで3年間保存しなければなりません（改正後の労働基準法施行規則第17条第2項）。

対象期間をまたぐ場合の
時間外・休日労働時間の計算は

Q32 　改正労働基準法で、使用者に義務付けられた時間外・休日労働時間の上限規制「2～6カ月平均80時間以内」の計算で、「2～6カ月」が1年の対象期間をまたぐ場合はどうなるのでしょうか。

. . . .

A 　**個人ごとの実労働時間の規制であり、**
継続して計算を

　時間外・休日労働の上限規制について、働き方改革関連法により改正された労働基準法第36条では、労働者をいわゆる36協定の範囲内で働かせる場合であっても、実労働時間を、①1カ月100時間未満（休日労働を含む）、②複数月（2～6カ月）平均80時間以内（同）としなければならないとする旨の規定（同条第6項第2号、第3号）を新たに設けています。

　これは、過労死の予防など労働者の健康確保のため、36協定による事業場ごとの上限規制とは別に、労働者個人ごとに、実際にこれ以上働かせてはならない基準として設けられたものです。

　したがって、転勤した場合でも、労働者個人の実労働時間の規制ということで通算されることになります。

　上記「複数月（2～6カ月）平均80時間以内」のカウントの仕方については、改正後の労働基準法第36条第6項第3号では、

36協定の対象期間におけるいずれの２カ月ないし６カ月の合計時間数が１カ月平均80時間を超えないこととされています。

　つまり、休日労働時間を含む時間外労働時間が１カ月当たり80時間を超えてはならないのですから、合計して２カ月160時間以内、３カ月240時間以内、４カ月320時間以内、５カ月400時間以内、６カ月480時間以内にそれぞれ収めなければなりません。具体的には、仮に今年の９月について計算する場合には、４月にまで遡ってその間の６カ月すべてで平均80時間以内にしなければならないということになります。

　そこでまず、ご質問の「２～６カ月」が対象期間をまたぐ場合についてお答えします。

　改正後の労働基準法では、その第36条第２項第２号で、従来の「有効期間」とは別に、時間外・休日労働をさせることができる期間として、「対象期間」を設け、これを１年間に限ると定めました。

　このため、ご質問のように最初の協定１年経過後、次の対象期間になった場合に計算をどうするのかという疑問が生じることになりました。

　しかしながら、こうした場合でも、労働者の健康確保の観点から、対象期間が新しくなったからといってリセットはされず、継続して計算しなければならないとされているのです。

　したがって、仮に、来年の４月に次の対象期間が始まった場合の４月の「２～６カ月平均80時間以内」の計算は、前の対象期間に属する今年11月～来年３月の時間数をカウントすること

になります。

　なお、上記の①１カ月100時間未満（休日労働を含む）、②複数月（２〜６カ月）平均80時間以内（同）の実労働時間の上限規制については、違反すると、６カ月以下の懲役または30万円以下の罰金に処せられますので要注意です。

時間外の講習会等への参加に残業手当は必要か

Q33　　弊社では近く、時間外に社員の何人かをフォークリフト技能講習会に出席させたいと思っていますが、こうした場合、残業手当の支払いは必要ですか。

　また、フォークリフトの安全運転講習会については日曜日に開催されるため、こちらは自由参加とする予定ですが、この場合は、出席者は休日労働扱いになるのでしょうか。

A　使用者による出席の強制がないかどうかで判断

　それでは、まず最初に、こうしたケースについての基本的な考え方を示した厚生労働省の通達をご紹介したいと思います。

　これは、使用者が、労働者の技能水準向上のための技術教育を、所定労働時間外に実施した場合についての行政解釈で、「労働者が使用者の実施する教育に参加することについて、就業規則上の制裁等の不利益取扱いによる出席の強制がなく自由参加のものであれば、時間外労働にはならない」（昭26・1・20　基収第2875号、昭63・3・14　基発第150号、婦発第47号）としています。

　逆にいえば、本務以外の技術教育であっても、使用者の指示命令により出席する場合は、当然労働時間に算入されることになるというわけです。

したがって、最初のご質問については、明らかに使用者の業務命令つまり指示命令がありますので、労働時間になり、実働8時間を超えれば残業手当が必要になるのははっきりしています。

　しかし、もう一つのご質問は、やや難しいところがあり、ポイントは、はたして本当に自由参加かどうかというところです。

　もし、本当に自由参加であれば、上記の行政解釈のように「時間外労働にはならない」ので、休日労働には該当しないことになります。

　ただし、自由参加といいながら、次のようなことが行われている場合には大いに事情が違ってきます。

① 　出欠を人事考課の要素に加え、賃金面に影響させている場合
② 　出席者に手当等を支給している場合
③ 　業務遂行の必要上、どうしても出席せざるを得ない場合
④ 　出席しなかった社員に上司が欠席の理由をたずねるなど暗黙の裡に出席を強制している場合

　以上に掲げたようなことが行われていれば、実質的上、使用者による「黙示の指示命令」があったということになり、労働時間扱いとなります。

　したがって、こうした場合には、日曜日に行われる安全運転講習会への出席は、休日労働に該当するということになってしまいますので、注意が必要です。

新たな労働時間の把握義務が追加されたが

Q34　今回の働き方改革関連法で、新たな労働時間の把握義務が課せられ、やや混乱しています。

　従来からの労働基準法による労働時間の把握に加え、さらに、もう一つ別の労働時間管理が必要になったということですか。

　また、これまで、残業代の支払いについては、勤怠管理に基づく実働ベースの計算方式で行ってきたのですが、そのままのやり方でよいのでしょうか。

A　医師による面接指導の確実な実施が目的で別物

　ご質問にあるように、今回の働き方改革関連法により労働安全衛生法が改正され、すでにある労働基準法による労働時間の把握義務に加え、さらに新たな労働時間の把握義務が追加されたことで、実務上、職場の労働時間管理がややこしくなってしまい、担当者の一部にいろいろ混乱が生じているようです。

　そこで、この問題を若干整理しますと、今回の働き方改革関連法で事業主に課せられた労働安全衛生法上の新しい労働時間の状況の把握義務（同法第66条の8の3）は、長時間労働やストレスからくる労働者の脳・心臓疾患、過労死、あるいはメンタルヘルス不調などの未然防止を目的に、医師による面接指導

過労死・メンタルヘルス不調などを
防ぐための労働時間把握

働き方改革関連法
による改正

[安衛法]

医師

経営者

労基法は賃金支払いのための労働時間把握義務で、安衛法は健康
確保措置のためのもの（パソコンの使用時間等を重視）

（同法第66条の8）の確実な実施を目指して行われた改正であり、
そもそも労働基準法に基づく賃金支払いのための労働時間の把
握義務とは趣旨がまったく異なるものです。

　つまり、労働基準法の労働時間把握義務は賃金の支払いのた
めのものですから、実際に働いた時間がどうだったかが問題に
なります。

　具体的には、たとえば、ある労働者のタイムカードの打刻が
午後7時となっていても、実は6時半に仕事を終え、あとは同
僚と雑談をしていたというケースがあり得ます。

　また、パソコンの記録についてもログインしたまま、仕事の
後、同様に皆で雑談をしていたということも想定されます。

　そうしますと、これらの時間はいずれも実際には働いていな

いわけですから、当然、労働時間とはなりません。

　これに対し、労働安全衛生法の方は、健康確保措置の適切な実施が目的ですから、労働時間をもっと幅広く捉えることにしており、行政解釈（平30・12・28　基発1228第16号、平31・3・29　基発0329第２号）でも「労働者がいかなる時間帯にどの程度の時間、労務を提供し得る状態にあったかを把握するもの」としているところです。

　その結果、実働時間ではなく、タイムカードやパソコンの使用時間（ログインからログアウトまでの時間）の記録等が重視されることになっているのです。

　しかも、同法第66条の８の３による労働時間の把握義務は、労働者の健康確保措置を適切に実施するという目的から、その対象には、事業場外のみなし労働時間制が適用される労働者や管理監督者も含まれるため、通常の労働者と異なり労働時間そのものを把握することが困難な場合すらあります。こうした場合には、結局、自己申告に頼らざるを得ません。

　このようにタイムカードやパソコンの使用時間の記録、あるいは自己申告等による労働時間と実労働時間は別物ですから、その扱いは当然違うものとなり、労働安全衛生法による労働時間の把握はタイムカードやパソコンの使用時間の記録、自己申告等により行い、労働基準法による労働時間や残業時間の把握は勤怠管理などでカウントした実労働時間で行うということになります。

　したがって、これまで通り、ご質問の御社が行っている勤怠

管理に基づく実働ベースの計算方式のままでよいことになります。

　今回の改正により、２つの労働時間の把握義務が課せられた結果、職場における時間管理が二通り（二重）となってしまい、実務担当者にとっては煩わしいことではありますが、法律上の相違によるものでやむを得ないことでしょう。

　しかしながら、上記行政解釈によれば、労働安全衛生法による労働時間の把握についても、事業場外のみなし労働時間制が適用される労働者や管理・監督者等を除き、賃金台帳（労働基準法第108条）に記入した労働時間数（労働基準法施行規則第54条第１項第５号）をもって代えることができるとされていますので、これを活用するのも一つです。

停電で終業時刻を繰り下げたが残業代は

Q35　先日、台風による停電の影響で作業を中断せざるを得ない事態が発生しました。

　このため、作業者を約1時間休憩させ、送電回復後に作業を再開してもらいました。

　結局、終業時刻を1時間繰り下げて業務を終えたのですが、このような場合、その分の残業代を支払わなければならないのでしょうか。

　ちなみに、弊社の1日の労働時間は8時間です。

A　実際の労働時間が8時間以内ならば不要

　いわゆる残業代については、労働基準法第37条では、労働者を法定労働時間の1日8時間を超えて働かせた場合と、週40時間を超えて働かせた場合には、使用者はその分について2割5分増以上の割増賃金を支払わなければならないとしています。

　御社の1日の労働時間は法定の8時間ということですから、停電のあった日、終業時刻を1時間繰り下げたことが同法第37条の割増賃金の支払い義務に該当するのかどうかが問題となります。

　この点については、やはり停電による作業の中断の間に、労働者がどのような状態にあったかということが大きなポイント

になるでしょう。

　そもそも労働時間とは、労働者が使用者に労務を提供し、使用者の現実的な指揮命令に服している時間のことです。

　したがって、労務の提供のために労働者が使用者の支配下にあり、実際に指揮命令に服してさえいれば、現実には作業をしていなくても労働時間とされます。

　たとえば、作業体制下にあり、いつでも仕事ができるような状態で、労働者が自由にその時間を過ごすことができないような場合、つまり待機中の時間などは、手待ち時間であり労働時間にカウントされることになります。

　ただし、休憩時間のように、出社から退社までの使用者の拘束下にある時間であっても、労務提供のための指揮命令下になく、労働から解放されている時間は労働時間とはされません。

　ご質問によれば、停電中は休憩をとってもらっていたようですので、仮にその間に来客の応対や電話の応接などを命じておらず、労働者が各自自由に時間を過ごすことができる状態にあったのであれば、前述のとおり労働時間にはならないので、その分、終業時刻が1時間繰り下がったとしても、割増賃金は必要ないということになります。

　行政解釈でも、「就業中の停電又は屋外労働における降雨、降雪等により作業を一時中止して自由に休憩せしめ、送電又は天候の回復をまって作業を続開し、停電又は降雨、降雪で休憩せしめた時間だけ終業時刻を繰り下げた場合、その労働時間が前後通算して8時間以内であれば通常日の終業時刻以後の労働

に対する時間外労働の割増賃金は支払わなくてもよいか（就業規則にはこの場合について予め何等別段の定めがないものとする）」との問いに対し、「労働時間が通算して1日8時間又は週の法定労働時間以内の場合には割増賃金の支給を要しない」（昭22・12・26　基発第573号、昭33・2・13　基発第90号）としているところです。

遅刻した時間と残業時間の相殺は許されるか

Q36 　残業手当についてお伺いします。仮に、遅刻した従業員が残業をした場合、遅刻した時間と残業時間を相殺し、残業手当を支払わないというようなことはできますか。

....

A 　実際の労働時間が
　通算して法定以内であれば可能に

　時間外労働に対する割増賃金、いわゆる残業手当は労働基準法第37条でその支払いが使用者に義務付けられているわけですが、ご質問の場合には、それはあくまでも同法第32条に定められた8時間の法定労働時間を超えた場合についてです。しかも、この8時間というのは実労働時間のことです。

　つまり、労働基準法の労働時間の規制は実労働時間を対象とした、いわば「実労働時間主義」をとっており、実労働時間というのは使用者の現実かつ具体的な支配下に実際に勤務した時間のことであり、休憩時間等の支配離脱時間は除かれます。

　このため、実務上、労働者の遅刻、早退、私用外出、組合活動などにより、現実に就労しなかった時間がある場合はこれらを除いて通算し、その結果1日の労働時間が8時間以内であれば時間外労働にはならないということです。

　この点については、行政解釈でも「法第32条又は第40条（編

注：労働時間の特例）に定める労働時間は実労働時間をいうものであり、時間外労働について法第36条第1項に基づく協定及び法第37条に基づく割増賃金の支払を要するのは、右の実労働時間を超えて労働させる場合に限るものである」（昭29・12・1　基収6143号、昭63・3・14　基発第150号、平11・3・31基発第168号）としています。

　したがって、実労働時間が1日8時間を超えない限り、ご質問にあるように遅刻時間と残業時間を相殺することはかまいません。

　また、遅刻時間分、終業時刻を繰り下げ、残業代を支払わないという形にすることも可能です。

　行政解釈でも、具体的な事案として「例えば労働者が遅刻をした場合その時間だけ通常の終業時刻を繰り下げて労働させる場合には、1日の実労働時間を通算すれば法第32条又は第40条の労働時間を超えないときは、法第36条第1項に基づく協定及び法第37条に基づく割増賃金支払いの必要はない」（同）としているところです。

　ただし、以上ご説明した内容は、あくまでも労働基準法の解釈上問題はなく、可能であるということであって、実際の労務管理の観点からすると、遅刻時間と残業時間を相殺するのはあまり感心したこととはいえないでしょう。

　できれば、遅刻は遅刻として給料から差し引くなり、残業は残業として所定の割増賃金を支払うなりするべきであり、通常、それが一般的な事業場におけるやり方であるという点にご留意

ください。

　なお、ご質問の文面では明記してはありませんが、仮に、就業規則で１日の所定労働時間が７時間30分とされ、それを超えると割増賃金を支給する定めになっている場合には、７時間30分を超える分から残業手当の支払いが必要となるため、当然取扱いも変わってくることになります。

残業代請求事件の判決で出てくる 「付加金」とは

Q37 　先日、未払い残業代請求事件の裁判のニュースを見ていたら、「付加金」という言葉が出てきました。

あまり聞いたことがないのですが、未払い残業代の倍額の支払い命令が下されたということでびっくりしました。

どのような場合に「付加金」が科せられるのでしょうか。

A 制裁として、 裁判所が未払い残業代に同一額を加算

　もともと、労働基準法は、使用者に対し、賃金その他同法により課している金銭給付の義務について、刑罰を科すことでその履行確保を図っているところですが、さらに、そのなかでも労働者にとって重要、かつ、保護を要するものについては、特別に、制裁を加えるとともに、その「制裁を労働者の利益に帰せしめる」こととしています。

　それがご質問の「付加金」であり、同法第114条では「裁判所は、第20条、第26条若しくは第37条の規定に違反した使用者又は第39条第9項の規定による賃金を支払わなかつた使用者に対して、労働者の請求により、これらの規定により使用者が支払わなければならない金額についての未払金のほか、これと同一額の付加金の支払を命ずることができる」としています。

　つまり、ご質問にある使用者が残業代を支払わないとき（労

残業代なんて
払うものか！

判決
未払金＋付加金
払え！

裁判所
[労基法第114条]

経営者

裁判所は労働者にとって重要で保護を要するものには特別に制裁を加える（付加金）ことができる

働基準法第37条）を含め、①解雇予告手当を支払わないとき（同法第20条）、②休業手当を支払わないとき（同法第26条）、③年次有給休暇の賃金を支払わないとき（同法第39条第9項）に、労働者が訴訟を起こした場合、裁判所が、これらの未払い金と合わせ、それと同一額の付加金の支払いを命ずることができるということです。

その結果、残業代の未払いの場合には、裁判に負けると、未払い金にその同一額の制裁措置である付加金が加わり、ご質問のように一気に2倍に跳ね上がってしまうわけです。

しかも、実際問題としてはそれだけではすみませんから要注意です。

賃金関係の時効は2年（ただし、労働基準法第115条の改正

により、令和2年4月1日以後に支払い日が到来する請求権からは3年）ですから、2年（同）遡っての未払い金ということになります。

また、遅延損害金の存在もばかになりません。さらに、残業代未払いの場合には複数人による訴訟のケースも多いため、なお一層の負担を覚悟しなければなりません。

しかしながら、労働基準法第114条の条文には付加金の支払いを「命ずることができる」とあるように、絶対に「命ずる」ということではないため、必ずしもすべてのケースで付加金が認められるわけではありません。特に悪質な場合に限られるということです。

したがって、支払い請求に対し、いっさい耳を貸さずに強圧的に出るなど、きわめて悪質だと受け取られるような態度は慎むべきでしょう。当然、裁判にならないよう事前に誠意をもって臨むのが何よりなのはいうまでもありません。

実際の例として、月々わずかな残業代であったものが、裁判の判決により時効分、それに付加金、遅延損害金と膨れ上がっていき、最終的には3倍以上、数千万円にもなったというケースもあるそうですから、油断は禁物です。

第4章

年次有給休暇

平成31年4月から始まった年次有給休暇管理簿の作成についてどのような内容を記載しなければならないのか

Q38 年次有給休暇についておたずねします。平成31年4月から施行された労働基準法によって、年次有給休暇を10日以上付与される者については、基準日から1年以内に5日の時季指定付与が必要とされ、さらに、これについて「年次有給休暇管理簿」が必要だということですが、この管理簿にはどのような内容を記載しなければならないのでしょうか。ご教示ください。

A　最低限「時季、日数及び基準日」の明記が必要

　働き方改革関連法により労働基準法が改正され、平成31年4月1日からすべての企業において、年10日以上の年次有給休暇が付与される労働者（管理監督者を含む）に対して、年次有給休暇の日数のうち年5日については、使用者が時季を指定して取得させることが義務付けられています。

　具体的には、労働基準法において「使用者は…有給休暇（これらの規定により使用者が与えなければならない有給休暇の日数が10労働日以上である労働者に係るものに限る…）の日数のうち5日については、基準日…から1年以内の期間に、労働者ごとにその時季を定めることにより与えなければならない」（第39条第7項）と規定しています。

前述の"使用者による年5日の時季指定義務"に関しては、使用者は、労働者ごとに、年次有給休暇を付与した日（基準日）から1年以内に5日について、取得時季を指定して年次有給休暇を取得させなければならないこととされています。この時季指定をするに当たっては、使用者は「労働者の意見を聴かなければならない」とされており、また「聴取した意見を尊重するよう努めなければならない」こととなっています（労働基準法施行規則第24条の6）。

　なお、すでに5日以上の年次有給休暇を請求・取得している労働者に対しては、使用者による時季指定をする必要はなく、またすることもできません。

　つまり"使用者による年5日の時季指定義務"というのは、①労働者自らの請求・取得、②計画的付与制度のいずれかの方法で労働者に年5日以上の年次有給休暇を取得させれば足りると考えられますから、上記いずれかの方法で取得させた年次有給休暇の合計が5日に達した時点で、使用者からの時季指定をする必要はありません（労働基準法第39条第8項）。

　さて、ご質問をみますと、"使用者による年5日の時季指定義務"に関して、「年次有給休暇管理簿」の作成が必要とされ、その管理簿にはどのような内容を記載するのかとのことです。

　「年次有給休暇管理簿」につきましては、労働基準法施行規則第24条の7において「使用者は、法第39条第5項から第7項までの規定により有給休暇を与えたときは、時季、日数及び基準日（第1基準日及び第2基準日を含む。）を労働者ごとに明

らかにした書類（第55条の2において「年次有給休暇管理簿」
という。）を作成し、当該有給休暇を与えた期間中及び当該期
間の満了後3年間保存しなければならない」と規定されています。

　つまり、「年次有給休暇管理簿」を作成する必要が生じるの
は、前述しました“使用者による年5日の時季指定義務”の場合
に加えて、①労働者の請求（労働基準法第39条第5項）、②計
画的付与制度（同条第6項）によって労働者が年次有給休暇を
取得したときに、初めて当該労働者に係る「年次有給休暇管理
簿」を作成する義務が生じることとなります。

　また、「年次有給休暇管理簿」に記載する項目については、「時
季、日数及び基準日…を労働者ごとに明らかにした書類」と規
定されていますから、最低限この3項目が明記された書類を労
働者ごとに作成すれば足りると考えられます。

　なお、「年次有給休暇管理簿」は、当該年次有給休暇を与え
た期間（基準日から1年間）とその後3年間の保存が義務付け
られていますが（労働基準法施行規則第24条の7）、労働基準
法第109条に規定する「重要な書類」には分類されておらず、
同条で保存義務を課せられている労働者名簿や賃金台帳などと
は性格が異なる書類に当たるものとされています。

　したがって、同法第120条第1号による第109条違反としての
罰則は適用されないものと考えられています。

　一方で、厚生労働省が作成したリーフレットによりますと、「年
次有給休暇管理簿」は労働者名簿や賃金台帳とあわせて調製す
ることができることとされ、また、必要なときにいつでも印刷

など出力できる仕組みとしたうえで、ふだんはパソコンやネットワークなどシステム上で管理することも差し支えないとしています。

　この「年次有給休暇管理簿」作成の趣旨は、あくまでも「年5日の年次有給休暇を確実に取得させること」ですから、管理簿には最低限の項目（時季、日数及び基準日）が盛り込まれたものであれば体裁や形式にこだわらず、自社の管理体制に合った形で運用すれば足りるものと考えられます。

年休の時季指定に従わず他の日に取得した場合は

Q39　年次有給休暇についておたずねします。

　働き方改革関連法により、平成31年4月から、使用者は時季を指定して、5日の年休を労働者に付与しなければならないということですが、せっかく時季を指定しても労働者がそれ以外の日に取得してしまったらどうなるのでしょうか。

　そのほかにも注意すべき点など、いろいろお教えください。

・・

A　原則として労働者による自主的な時季指定が優先

　働き方改革関連法により労働基準法第39条が改正され、平成31年4月から使用者に対して、10日以上の年休を有する労働者を対象に5日分の年休を時季指定して付与することを義務付け、年休消化の促進を図ることになっています。

　長時間労働の解消策の一環であり、違反すると労働者1人当たり30万円以下の罰金という罰則付きです。

　本来、労働基準法上、年休をいつ取得するかは、労働者本人に決定権があることからすれば、ずいぶん思い切った措置であり、大げさにいえば、年休消化促進の最後の手段といってもよいのかもしれません。

　そこで、改正後の労働基準法第39条第7項の使用者に対する

年休の時季指定義務制度の内容をみると、まず、対象労働者については、年休を10日以上持っていることが前提になりますが、前年度の繰り越し分はカウントされません。

　したがって、仮にパートタイム労働者等が比例付与日数に繰り越し分を足して、合計が10日になったとしても制度の対象にはならないということです。

　このため、それ以外の当年度分の年休を10日以上持っている通常の労働者とパートタイム労働者を対象に、基準日から1年以内の期間に時季を定めて与えなければならないことになります。

　ただし、本人の自主的な時季指定と労使協定による計画付与で、年休を5日以上取得している場合はこの限りではありません（同条第8項）。

　また、使用者の時季指定より、労働者の時季指定と計画付与による取得時季の指定の方が優先されますので、使用者がそれを取り消して時季を指定することはできません。

　このほか、事業者が時季指定をいつ行うのかについては、基準日からの1年間の期首に限ってはいませんので、その途中からでもかまわないということです。

　さらに、労働者が前年度の繰り越し分の年休を取得した場合については、当年度分と同様、使用者は時季指定すべき5日からその日数分を控除できるとしています。要は、どちらでも年休を取ったということに変わりはないという現実論のようです。

　半日単位と時間単位の扱いについては、半日単位の付与は認

　められており、0.5日とカウントされます。一方、時間単位は認められません。

　あとは、時季の指定をめぐるトラブルを防ぐため、使用者は、時季指定を行うに当たっては、対象労働者から時季に関する意見を聞くこととされており、その際には労働者の意思を尊重し、不当に権利を制限しないこととされています（労働基準法施行規則第24条の６）。いうならば、労働者との合意のもとに行われることになるわけです。

　しかしながら、ご質問にあるように、それでも労働者がその後、何らかの事情で使用者の時季指定に従わず、それ以外の日に年休の時季指定をしてきたらどちらが優先されるかという問題はあります。

　この場合は労働者の時季指定が優先されますが、そのために労働者が使用者の時季指定日に年休を取得しない結果となっても、使用者は法違反には問われません。また、合意があれば、時季指定日そのものの変更も可能です。

　なお、使用者の年休の時季指定は、就業規則の絶対的必要記載事項である休暇に関するものであり就業規則の改正が必要ですし（労働基準法第89条・第90条）、新しく義務付けられている「年次有給休暇管理簿」の作成及び３年間の保存も欠かせません（労働基準法施行規則第24条の７）。

年末の繁忙期に年休の時季変更権を
行使したいが

Q40　　年末を迎え、今年も例年になく忙しくなりそうです。

　ところが例年、若い従業員の中には、こんなときでも平気で年次有給休暇を取得して休む者がいます。

　そのため、今年は必要に応じ、年休の時季変更権を行使したいと思うのですが、年末の繁忙期は、変更権行使の必要条件とされる「事業の正常な運営を妨げる場合」に該当するのでしょうか。

・・・

A　一時に多数の申し出があった場合等の事情があれば可能

　年次有給休暇は、法律で認められた労働者の権利（労働基準法第39条）であり、労働者は時季指定権により日にちを指定するだけで取得が可能とされています（同条第5項）。

　しかし、一方で、「請求された時季に有給休暇を与えることが事業の正常な運営を妨げる場合においては、他の時季にこれを与えることができる」（同項ただし書き）と、使用者に対し時季変更権を認めています。

　それでは、具体的にはどのようなときに、この時季変更権が行使できるのかというと、実はこれがなかなか難しいのです。

　厚生労働省の行政解釈では「事業の正常な運営を妨げる場合

他の日への変更依頼は時季変更として差し支えないので、強権的な行使の前に話し合ってみましょう

とは、個別的、具体的に客観的に判断されるべきものである」(昭23・7・27　基収第2622号)とされているだけで、実際にはどの程度の状況が該当するのか、明確な基準や具体的な事例が示されているわけではありません。

　このようなこともあって時季変更権の行使を巡っては裁判で争われるケースが多くありました。

　そこで、過去の裁判例をみてみますと、「その企業の規模、有給休暇請求権者の職場における配置、その担当する作業の内容性質、作業の繁閑、代替者の配置の難易、時季を同じくして有給休暇を請求する者の人数等諸般の事情を考慮して制度の趣旨に反しないように合理的に決すべきでものである」とされています(昭33・4・10　大阪地判、東亜紡織事件)。

つまり、使用者が時季変更権を行使するためには単なる繁忙というだけではなく、たとえば、一時に多数の申し出があったり、風邪などで多数が欠勤していたり、余人をもって代えがたい重要な業務のあるときなどの具体的な事情がなければならないということです。

　裁判例でも実際に、

① 　他に年休取得者が多く、鉄道郵便車の服務の差し繰りが困難な場合

② 　休暇等の欠務が多く、許容人員を超え補充措置が困難な郵便業務従事者の場合

③ 　勤務割による勤務体制がとられている事業場で通常の配慮では代替者の確保が困難な場合

――などのケースで、時季変更権の行使が認められています。

　したがって、御社の場合でも、年末の繁忙期に、上記のような事情が重なっていれば当然時季変更権の行使も可能であるといえるでしょう。

　もちろん、変更権の行使という強権発動の前に、上司から「その時期は忙しいので他の日に変えてくれないか」と労働者に依頼することは、使用者からの時季変更の申込みであり、まったく差し支えないのですから、これにより労働者に了承してもらうに越したことはありません。

年休をクイズ正解者だけに与える会社が あるというが

Q41 年次有給休暇の付与についておたずねします。
先日、テレビのワイドショーを見ていたら、あ
る会社の支店長が携帯を通じて出したクイズに全問正解し
た従業員には年次有給休暇の取得を認め、間違った従業員
には認めないというケースが取り上げられていました。
　本当に、このようなことが可能なのでしょうか。

A 法律上労働者に当然に生ずる権利であり、 許されない行為

　ワイドショーで取り上げられた、クイズに全問正解したら年
次有給休暇（年休）の取得を認めてやるというような馬鹿げた
行為は、もちろん、許されるものではありません。

　そもそも年休の取得は、労働基準法第39条で認められた労働
者の権利であり、同条第5項では「使用者は、……有給休暇を
労働者の請求する時季に与えなければならない」としています。
ただ、付与日を変更することは可能です。

　しかし、それは「請求された時季に有給休暇を与えることが
事業の正常な運営を妨げる場合」だけと厳しく制限されており
（同項ただし書き）、使用者には、労働者の年休請求に対し時季
の変更はできても、付与するしないを決める権限はないという
ことなのです。

さらに、こうした年休の法的性格に関しては、具体的な取扱いも含め、すでに最高裁の判決により確立されているところです。

　すなわち、年休の取得について、同項では前述のように「請求」という言葉を用いているわけですが、最高裁判決は「年次有給休暇の権利は、（法第39条の）要件を充足させることによって法律上当然に労働者に生ずる権利であって、労働者の請求をまって初めて生ずるものではなく、また同条3項（現5項）にいう『請求』とは、休暇の時季にのみかかる文言であって、その趣旨は、休暇の時季の『指定』にほかならないものと解すべきである」（昭和48・3・2　最2小判　林野庁白石営林署事件、同　国鉄郡山工場事件）とはっきり述べています。

　つまり、労働者の年休取得の権利は、労働基準法第39条所定の①6カ月継続勤務し、②全労働日の8割以上出勤する──という条件を満たすことにより、法律上当然に労働者に発生するものであり、「休む日」を労働者が指定すればそれで足り、使用者に「請求」する、あるいは使用者の「承認」を得るといった行為は本来必要がないということになるわけです。

　以上が年休に関する原則的な取扱いということになりますが、それ以外に、「年休の計画的付与」の制度があり、こちらについては、使用者が労働者に年休を付与するかどうかを判断することになります。

　同制度は、年休の取得・消化が進まない我が国の現状を打破するために設けられたもので、労使協定を条件に、5日以上の年休分についての計画的な付与を可能としたものです。

　さらに、働き方改革関連法により労働基準法第39条が改正され、使用者は、10日以上の年次有給休暇が付与される労働者に対しては、5日について毎年、時季を指定して付与しなければならないこととなっています（同条第7項）。

　いずれにせよ、ご質問にある会社の年休付与をクイズに答えられるかどうかで決めるというような行為はまったく論外といわざるを得ませんし、このような初歩的かつ基本的な事項に関し、まったく理解を欠いている会社が依然存在しているというのは非常に残念なことです。

年休行使中に解雇、残余の休暇どうなる

Q42 　先日、当社の営業部員Ｙが代金請求業務をごまかしていた事実が分かりました。少額ならいざ知らず、Ｙの行為は度重なっていて詐取金額も相当額にのぼっており、加えてＹの日頃の勤務態度について同僚社員から批判なども出ていたときです。会社としては早速懲戒委員会を開き、全員一致で即時解雇を決めました。

　ところが、その旨をＹに知らせようとしたところ（Ｙの詐取事実に対する即時解雇が決まった翌日）、Ｙはその日から４日間にわたって年休をとっているのです。年休は法が定めた労働者の正当な権利であることは知っていますが、この場合のＹに対しても会社がすでに年休を認めてしまっているということから、正当な権利として扱わなければならないのでしょうか。

　この場合、年休の途中でも解雇の通知をすれば、消化している分はやむを得ないとしても、残余の分は何とかならないのですか。また、このＹに対する解雇が詐取事実のあった日か、さもなければ行為の露見した日に遡って効力を及ぼすことができるのなら、何ら問題はないのですが……。

A　即時解雇なら休暇の効果消滅

　労働基準法第39条は、使用者は年次有給休暇（年休）を労働者の請求する時季に与えなければならないと規定していますが、事業の正常な運営を妨げる場合には、他の時季に与えることもできるとしています。

　ですから、いかに職場規律を乱すなどの懲戒理由のある場合でも、事業の正常な運営を妨げない限り本人からの請求があれば年休を与えないわけにはいきません。ましてや、いったん付与し、労働者がこれを行使してしまった年休を最初から与えなかったこととしたりすることはできない、といわざるを得ません。

　つまり、年休を行使している最中の労働者を解雇することは差し支えありませんが、たとえば逆に解雇予告期間中に労働者から年休の請求があった場合、これを拒否することは許されないわけです。

　しかし、ご質問のケースのような即時解雇の場合には、その時点で労働関係が終了しますから、その時点で年休の行使の余地がなくなることはいうまでもありません。つまり、労働関係が終了した時点で従業員としての地位も同時に失うわけですから、もはや年休の行使など不可能といわざるを得なくなるわけです。したがって、残余の年休については取り消すことも可能といえましょう。

　また、ご質問の解雇日を労働者の不正行為のあった日、不正行為の露見した日に遡らせることは問題です。一般に、法律行

為に始期を付すことは構いませんが、逆に法律行為の効力を過去に遡らせることは、その日から以後に展開する種々の法律関係の処理に困難な問題が生じますし、とくに第三者との関係に問題が生じたときには、第三者に不測の損害を与えかねません。

　したがって、第三者にそのような不測の損害を与えることなく、かつ相手方との合意があるときに限って、法律行為の効力を遡らせることができると考えられます。おたずねの解雇についても、同様に労働者の合意がない限り、解雇日を使用者が任意に過去の適当な日に決めることはできないものと思われます。

　なお、即時解雇の場合は、所轄労働基準監督署長の認定を得ない限り、平均賃金の30日分以上の解雇予告手当の支払いが必要です。

年休中の労働者を臨時出勤させた場合の賃金計算は

Q43　　先日、機械の故障などのトラブルが重なり、年休中の労働者の一人に応援のため臨時に夕方5時すぎから8時近くまで出勤してもらいました。

こうした場合、弊社では勤務時間が午前9時から午後5時までですので、年休がいったん終了した後、別に出勤してきたものとして、賃金の計算をしたいと思いますが、時間外手当なども含めその扱いはどのようにすればよいのでしょうか。

A　年休を取り消し、最低6割以上の賃金支払いが必要に

近年、年次有給休暇（年休）については、半日や時間単位の取得が可能になったことにより、担当者によっては受け止め方に若干混乱がみられるようです。

しかし、あらためて基本的なことをいえば、年休は、労働者が休養などの目的に利用するため、労働すべき義務の課せられている日に、その日の賃金を失うことなく、労働が免除される権利だといえます。

つまり、年休を定めた労働基準法第39条の第1項で「10労働日の有給休暇を与えなければならない」としているように、1日という暦日単位で休むのが原則ということです。

たしかに、時間単位の取得制度では、年休の時間数を特定す

賃金は労基法第26条の休業手当に倣い通常１日分の６割以上の額を支払わなければならない

　るため、仮に時間単位の年休８時間を１日分の年休にすると労使協定で定めたりしますが、これら時間単位や半日単位による取得は、あくまでも年休取得推進のための方便であり、年休は暦日単位が基本であることに変わりはありません。時間でいえば、所定労働時間のたとえば８時間分だけではなく、暦日の24時間すべてが休みになるということです。

　年配の方であれば、こうした年休の性格を物語る例として、かつて土曜の半ドンがあった時代、土曜日に年休を取り実際には所定労働時間の午前９時から12時までの３時間分しか休んでいなくても、ほかの８時間労働の日と同様まる１日分の年休取得として扱われ、損したような気分になったのを思い出されることでしょう。

　当然、ご質問のように、年休中の労働者が会社の出勤命令に応じて、たとえ1時間でも出勤してしまえば、その日の年休はなかったことになります。法的には、いったん年休を取得すれば会社の出勤命令に従わなくてもよく、そうしたケースも大いにあり得ます。

　しかし、この場合は、出勤命令に応じたわけですから、労働者は年休取得の指定を自ら取り消したと解されます。したがって、年休は取得されなかったという扱いになり、後日、再度の年休取得の指定に従い、あらためて付与しなければいけません。

　それでは、年休がなかったことにすると、賃金はどうなるのか、就労しなかった午前9時から午後5時までの所定労働時間の扱いをどう考えるのかという問題が残ります。

　労働者が年休を自ら取り消したといっても、その実、会社の出勤命令に従って取り消したわけですから、この場合、使用者の責に帰すべき休業ということになります。

　そこで、賃金は最低限、労働基準法第26条に定める休業手当に倣い通常1日分の6割を下回らない額を支払う必要があります。

　ただし、夕方5時すぎからの出勤といっても時間的には1日法定8時間の範囲ですので、就業規則に別段の定めがない限り、割増賃金の必要はありません。

年休中にバイトをしている社員を
欠勤扱いにできないか

Q44 弊社で最近、社員の一人が年次有給休暇を使ってアルバイトをしていることが判明しました。

弊社就業規則の兼業禁止規定にも触れる行為ですし、年休を取り消し、欠勤扱いにしたいと思いますが、問題ないでしょうか。

A 「できない」ので、
自粛要請や服務規律違反の検討を

ご質問によれば、御社としては、年次有給休暇（年休）を取得中にアルバイトをしている社員の年休を取り消したうえ、欠勤扱いにしたいということですが、この点については、「できない」というのが率直な答えです。

それはなぜかといいますと、「年次有給休暇を労働者がどのように利用するかは労働者の自由である」というのが行政側の基本的な考え方だからです。

これは、かつて労働基準法第39条（年次有給休暇）の解釈について出された最高裁の判決（昭48・3・2　最2小判）に沿って示された厚生労働省の行政解釈（昭48・3・6　基発第110号）によるもので、例外はただ一つ、「自社の争議行為のための利用」のみとされています。

したがって、それによれば、使用者にとっては不本意なこと

でありましょうが、使用目的が、たとえアルバイトであっても年休の付与を認めざるを得ないということになります。

しかしながら、そもそも年休には、「労働者の心身の疲労を回復させ、労働力の維持培養を図る」というきわめて重要な役割があり、アルバイト就労が、これを阻害してしまうことは明らかです。ワーク・ライフ・バランスの観点からも問題といえそうです。

また、就業規則の兼業禁止規定もあります。御社をはじめ、多くの会社では、就業規則により、服務規律として兼業禁止あるいは二重就業禁止を定めています。

これは、一つに年休の趣旨と似ていますが、労働者が時間外や休日にほかで労働することにより、精神的・肉体的疲労の回復が妨げられてしまうからです。

もう一つは、会社の経営秩序と対外的信用、労使間の信義則等ということです。特に、我が国では終身雇用の傾向が強く、労働者の会社に対する誠実な勤務義務と、会社の労働者に対する雇用上の生活保障という信義則の関係が重視されているからです。こうした信義則にもとる行為といわなければなりません。

このように考えてくると、いかに年休の利用目的が労働者の自由であるということであっても、本来業務の遂行に支障がある場合には、アルバイト就労に自粛を求めるなどの対応は必要となってきます。

さらに、支障の程度によっては就業規則の服務規律違反ということで、懲戒処分をすることも可能です。ただ、いき過ぎる

と、個人の私生活侵害等とされるおそれもありますので、慎重な対応が求められることはいうまでもありません。

　なお、厚生労働省は現在、政策上、副業・兼業の普及促進の方向を打ち出しており、平成30年1月に、新たに「副業・兼業の促進に関するガイドライン」を作成し、同年1月31日付で、モデル就業規則についても、従来禁止していた労働者の副業・兼業を認める内容に改めています。

　ただし、これはあくまでも政策上示された方向性であって、法律上義務付けられたものではないので、御社の兼業禁止規定には何ら問題は及びません。

第5章

就業規則

厚労省のモデル就業規則改定に沿った 見直し必要か

Q45 就業規則の見直しについておたずねします。

厚生労働省のモデル就業規則が改定されたと聞きましたが、日常業務に追われ、見直し作業ができずに今日に至っています。

このまま放置しておくと、労働基準監督署から注意を受けたり、何か問題が生じることになるのでしょうか。

A あくまでも一例にすぎず、 従うかどうかは使用者の自由

労働基準法第89条の定めにより、常時10人以上の労働者を使用する使用者に就業規則の作成と、所轄労働基準監督署への届け出が義務付けられていることはすでに皆さんご承知のとおりです。

そして、厚生労働省では行政サービスの一環として、就業規則の定型的な規定例である「モデル就業規則」を同省のホームページなどで例示しているところです。

これまでにも、法規の改正等に伴い若干の修正はされてきましたが、ご質問の場合は、平成29年3月28日、政府の働き方改革実現会議決定で副業・兼業の普及促進の方向が打ち出されたことが発端となっています。

これを受けて、厚生労働省は「柔軟な働き方に関する検討会」

で検討を重ね、平成30年1月、新たに「副業・兼業の促進に関するガイドライン」を作成、1月31日付で、モデル就業規則を、これまで禁止していた従業員の副業・兼業を認める内容に改めました。

このように、今回の改定は、副業・兼業が主なテーマといえますが、あわせて以下のような事項も盛り込まれています。

第一に、副業・兼業以外に「妊娠・出産等・育児休業・介護休業等に関するハラスメントの禁止」と「その他あらゆるハラスメントの禁止」についての条項が新設されました。

第二に、採用内定時の労働条件明示、人事異動での育児・介護休業法による配慮、労働時間の適正把握、手待ち時間、配偶者手当などの事項についての修正も行われました。

いずれも関連する行政通達の発出やガイドラインの策定の内容に沿った改正です。

そこでご質問についてですが、それでは、このような改正内容に従って御社の就業規則も改めなければならないのかというと、必ずしもそうではありません。行政当局の作成したものとはいえ、モデル就業規則はあくまでも就業規則の一例にすぎないからです。

さらにいえば、もともと、労働基準法第89条で必要とされる記載事項は、始業・終業時刻、休憩時間、賃金の決定・計算・支払い方法、退職・解雇などの必ず記載すべき事項（絶対的必要記載事項）と、退職手当、賞与、安全衛生などの定めた場合に必ず記載すべき事項（相対的必要記載事項）の2つに限られ

ます。それ以外は記載するかどうかはまったく自由な、使用者の裁量に任された任意的記載事項ということになります。

　つまり、法律その他公序良俗に反しない限り何を記載しても構わないし、記載しなくても構わないのです。今回のモデル就業規則の改定は、このような使用者に対する制限のない部分に該当します。

　したがって、いかに行政によるモデル就業規則であっても、従うかどうかは使用者の自由であり、改定する義務はなく、そのままにしておいても何ら問題にはなりませんので、心配はいりません。

副業禁止規定を残したが、懲戒処分は従来通り可能か

Q46 厚生労働省のモデル就業規則が改定され、従業員の副業を認める内容が盛り込まれたということですが、弊社では、当面は就業規則の見直しを行うつもりはなく、従来からある副業禁止規定もそのまま継続したいと思っています。

その場合、違反者に対して、いままで通り懲戒処分を行うことが可能でしょうか。

....

A 企業秘密漏えいや会社の利益を害する場合等であれば可能

ご質問によると、御社は当面、就業規則の見直しを行う予定がなく、副業禁止規定がそのまま残っているということですから、就業規則上は、違反者に対する懲戒処分も、もちろんいままで通り行うことが可能ですし、そうした意味で、基本的にはこれまでと何ら変わらないと考えてよいといえます。

ただし、実際に懲戒処分を行う場合には、そもそも従業員の副業・兼業を一律に禁止することはできず、違反のすべてを懲戒処分に付すことができるわけではないという点に注意をする必要があります。

すなわち、本来、勤務時間以外の時間をどのように使うかは労働者の自由であり、たとえ、就業規則で副業・兼業を禁止し

本業に差し障りの少ない一定の範囲の副業・兼業は懲戒処分の
対象にはならない

ていても、職場秩序に影響せず、本業に差し障りの少ない一定
の範囲の副業・兼業は許され、懲戒処分の対象にはならないと
されているからです。

　それでは、具体的に、どのような場合に副業・兼業の禁止が
可能で、懲戒処分の対象にできるかということになりますが、
これについては、今回厚生労働省が改正したモデル就業規則が
一つの参考になります。

　同省の新しいモデル就業規則では、副業・兼業について、従
来の「許可なく他の会社等の業務に従事しない」とする禁止規
定を削除し、「勤務時間外において、他の会社等の業務に従事
できる」との全面解禁の規定を新設していますが、その業務に
従事した結果、以下のいずれかに該当する場合には、「会社は、

これを禁止または制限することができる」という縛りをかけています。

① 労務提供上の支障がある場合

② 企業秘密が漏えいする場合

③ 会社の名誉や信用を損なう行為や、信頼関係を破壊する行為がある場合

④ 競業により、会社の利益を害する場合

　これらはいずれも判例などで禁止や制限が認められているものです。したがって、こうした場合には、違反者に対する懲戒処分が可能と考えてよいでしょう。

　今回、厚生労働省は副業・兼業の解禁に踏み切りましたが、本業がおろそかになるといった懸念から、これまで多くの会社では副業・兼業を禁止してきました。経営者の集まりである経団連も「会員企業に推奨することはしない」との態度を表明しています。

　各人の労働時間をどのように把握するのか、長時間労働を防ぐことができるのか、健康管理をどうするのかなどの運用上の課題があり、安全配慮義務の問題も含め、企業責任を問われかねない事態も想定されますので、慎重な対応が望まれるところです。

就業規則の発効は届け出た日か周知させた日か

Q47　当社では、このたび就業規則を変更することになり、従業員の意見書を添付して労働基準監督署に届けました。新しい就業規則は４月１日から適用することにしています。

ところが、労働基準監督署への届出は、事情があって４月に入ってからになってしまいました。このため課内から、就業規則の発効時期はいつかという疑問が出されました。意見は①４月１日を過ぎているのだから労働基準監督署に届け出た日、②周知義務が課せられているのだから従業員に周知させた日、の２つに分かれています。就業規則の発効時期は、いずれの主張が正しいのでしょうか。

A　周知されたときから効力発生

就業規則の作成、変更の手続きについて、労働基準法は、①過半数労働組合または労働者の過半数代表者の意見聴取（第90条１項）、②その意見書を添付した労働基準監督署長への届出（第89条、第90条第２項）、③掲示または備え付けるなどの方法による労働者への周知（第106条）などを定めています。このため、就業規則に関してこれらの手続きを欠いた場合の効力がどうなるかについては、多くの学説、判例があります。

たとえば、「就業規則が効力を発生するためには労働者側の意見を聞き、かつその意見書を添付して所轄行政官庁に届け出ることが必要である」と判断された茶清染色事件判決（昭38・2・4　名古屋地判）がある一方で、「（労働基準法第90条は）就業規則の作成、変更にあたり組合等の意見に拘束されることを予想したものではないから、これに違反しても処罰の対象となるのは格別、規則自体の効力には関係がない」とした大阪日々新聞社事件（昭42・3・27　大阪地判）などもあります。

　また、労働者への周知については、最高裁が朝日新聞西部本社事件で「当該就業規則はすでに従業員側にその意見を求めるために提出されかつその意見書が付されて届け出られたものであるから被上告人会社側においてたとえ右労基法第106条第1項所定の事後の周知方法を欠いたとしても、これがため同法第120条第1号所定の罰則の適用問題を生じるは格別、そのため就業規則自体の効力を否定するのは理由とはならないものと解するを相当とする」（昭27・10・22）と判示しています。

　このようにみてきますと、就業規則がいつの時点から効力を発するのか分からなくなりますが、結論的にいいますと、周知された以後で就業規則が適用日と定めた日に初めて効力が発生すると考えられます。周知によってその内容が分かり、分かっていない就業規則に拘束されるのは不当だと考えられるからです。そして、この考え方が学説の多数説であり、行政の立場でもあるといえましょう。

営業所の規則を本社と別に作ってよいか

Q48 就業規則についておたずねします。当社では、今度営業所を設けようと思いますが、本社の就業規則と同じものでなければならないでしょうか。仕事は本社と同じですが、別の就業規則、つまり営業所だけに適用できる就業規則を作ることはできますか。また、本社と別の就業規則を作成した場合、本社から派遣した人については、当然に営業所の就業規則が適用されると考えてよいのでしょうか。

A 業務内容が同じなら避けることが賢明

　労働基準法の適用単位は、いうまでもなく個々の事業場とされていますので、就業規則についてもそれぞれの事業場において作成し、届け出なければならないことになります。したがって、ご質問のように新しい営業所の就業規則を本社とは別に定め、届け出てもまったく違法性は生じません。

　というのも、同一事業場内でも「法第3条に反しない限りにおいて、一部の労働者についてのみ適用される別個の就業規則を作成することは差し支えない」（昭63・3・14　基発第150号、平11・3・31　基発第168号）という解釈がなされていることからも分かるように、全従業員に画一的な労働条件を定めるこ

とが実情に合わない場合、別個に定めることができるとされているからです。まして、事業場が違えば労働環境も異なり、労働条件の根幹をなす就業規則の内容が違ってくるのも考えられないことではありません。

　しかし、この場合の前提は、あくまで従事する業務の種類などが違っているということです。貴社の場合は、本社も営業所も同じ仕事をするということですので、たとえば寒冷地手当や物価手当など地域の事情から差が生ずる手当などを除き、同一企業において基幹的な労働条件に差を設けるのは避けられたほうが賢明でしょう。前記通達でも、「法第３条に抵触しない限り」として、同条の均等待遇に触れないことを条件としていますが、ご質問の場合もこの点に十分配慮すべきです。

　特に、本社から人員を派遣することを考えていらっしゃるようですが、本社から派遣された人も営業所の就業規則の適用を受けることを考慮すると、労働条件に差がある場合トラブルを招く可能性もありますので、営業所独自の就業規則の作成については慎重に行われることをお勧めします。

退職金規程の不利益変更許されるか

Q49　退職金について、ご質問いたします。

　　　　当社では、今度新しい賃金体系に変更する方向で、現在、賃金制度の見直しを検討しています。

　ところで、賃金制度の見直しを行うということになれば、退職金にも影響が出ることになると思うのですが、賃金体系の変更により退職金の支給基準が下がるのは許されない、と考えるべきなのでしょうか。聞くところでは、合理的な理由があれば構わないということですが、当社の場合どのように判断されることになるのか、判例などがあれば詳しくお教えください。

A　原則として 同意がない限り一方的変更は許されない

　ご質問の「合理的理由」というのは、最高裁が昭和43年12月25日に判決（大法廷）した秋北バス事件の判示内容のことを指していらっしゃるのだと思われますが、これは直接退職金の不利益取扱いを争ったものではなく、定年制を突如一方的に定めたことによる就業規則の不利益変更の効力が争われたものです。

　すなわち、同判決は「……就業規則は、経営主体が一方的に作成し、かつ、これを変更することができることになっているが、既存の労働契約との関係について、新たに労働者に不利益

新規程への変更が、旧規程による退職金の支払いが受けられると
してきた従業員の期待的利益を剥奪しても足るほどの合理性があ
るとは認められないとした判例も

　な労働条件を一方的に課するような就業規則の作成又は変更が
許されるであろうか、が次の問題である。おもうに、新たな就
業規則の作成又は変更によって、既得の権利を奪い、労働者に
不利益な労働条件を一方的に課すことは、原則として、許され
ないと解すべきであるが、労働条件の集合的処理、特にその統
一的かつ画一的な決定を建前とする就業規則の性質からいって、
当該規則条項が合理的なものであるかぎり、個々の労働者にお
いて、これに同意しないことを理由として、その適用を拒否す
ることは許されないと解すべきであり……」と判示しているも
ので、それまで学説や判例でも議論の分かれていた就業規則の
法的性格について、法規範説を確定させた判決として有名です。
　そこで、この最高裁判決にいう「合理的なもの」について、

どのような場合に合理的とされるのかが次の問題となります。

　特に、賃金に関する不利益変更は、賃金が労働条件に占める重要さを考えた場合、やはり他の部分より厳格に捉えられる面は否めないでしょう。この点についての考え方を示した判決として、「賃金に関する事項のように労働契約の要素をなす基本的労働条件については、いったん合意されて労働契約の内容となった以上、就業規則によって労働者の不利益に変更することはできない」（日本貨物検数協会事件　昭46・9・13　東京地判）とするものがあり、退職金規程の一方的変更は同意のない限り許されない、と考える裁判例が出現するようになってきています。

　たとえば、最高裁判決の翌年に出された栗山精麦事件は、退職金規程の変更により55歳以下で自己都合退職の場合は、新たな退職金規程が定められるまで退職金の支給が受けられないことの不当を争ったものですが、判決では、「しかしながら、原告らのうち昭和40年以降に退職した者は昭和39年以前から勤務する者であって、昭和39年以前の退職金規程によって退職金を受ける権利を取得していたものであり、それが昭和40年における新規定の施行によって55歳以下の場合に自己の都合による退職であるにせよかかる権利を失うものと考えるべきであるが、右規定の変更は何ら合理的な理由が認められずまた原告らがこれを承認したとの主張立証がない本件にあっては右規定の変更によって原告らは昭和39年以前の規定による退職金請求権を失わないものと解すべく……」（昭44・9・26　岡山地玉島支判）とされています。

また、大阪日々新聞社事件では、退職金が退職金の持つ性格からみて労働基準法第11条の賃金にほかならないと前置きしたうえで、「使用者が退職金に関する就業規則を変更し、従来の基準より低い基準を定めることを是認し、その効力が全労働者に及ぶとすれば、既往の労働の対象たる賃金について使用者の一方的な減額を肯定するに等しい結果を招くのであって、このような就業規則の変更は、たとえ使用者に経営不振等の事情があるにしても、前記労基法の趣旨に照し、とうてい合理的なものとみることはできない」（昭45・5・28　大阪高判）と判示されています。

　さらに、次のダイコウ事件はご質問のケースのように、賃金体系の変更に合わせるためと中小企業退職金共済法に基づく退職金共済契約を締結するために改定した退職金規程の効力を争ったものですが、この結論も「そして、本件の他の全証拠を検討して見ても、新規定がすでに旧規定のもとにおいて雇用され、その退職時には当然旧規定に従った退職金の支払いが受けられるものとしてきた従業員の期待的利益を剥奪しても足るほどの合理性があるものと認めるに足りる資料はない」（昭50・3・11　東京地判）として、新たな退職金規程の効力を否定しています。

　以上のように、退職金が賃金とみなされる結果、退職金に関する労働者の権利性を強く指摘した判決が多くなっていますので、結論として退職金規程の不利益変更は労働者の同意がない限り許されない、と考えるべきでしょう。

　大阪日々新聞社事件では、たとえ経営不振などの事情がある
にしても到底合理的な変更の理由にはなり得ないとしています
し、ダイコウ事件で明らかなように賃金体系の変更に伴う当然
の手直しであっても、それが不利益なものである限り一方的変
更は不可能と理解すべきでしょう。

　最高裁の秋北バス事件では、合理的なものであれば就業規則
の不利益変更も可能とされているわけですが、合理性の基準も
示されていませんし、たとえば相応の代替措置がとられるなど
の事情がない限り、こと賃金に関する変更については原則とし
て許されない、と判断せざるを得ないようです。

第6章

休業手当

豪雨による河川の氾濫等で休業した場合でも 休業手当必要か

Q50　休業手当の支払いについておたずねします。

先日のことですが、強い台風による豪雨のため、河川の氾濫などで道路が寸断され、会社を休業せざるを得なくなりました。

このような場合でも、従業員に休業手当を支払わなければならないでしょうか。

. . . .

A　会社の施設・設備が直接被害を受けた場合は 原則として不要

休業手当については、労働基準法第26条で「使用者の責に帰すべき事由による休業の場合」においては、「使用者は、休業期間中当該労働者に、その平均賃金の100分の60以上の手当を支払わなければならない」と定めています。

ただし、この「使用者の責に帰すべき事由」には、たとえば天災地変等の「不可抗力によるもの」は含まれないとされていますので、豪雨による休業がこれに該当するかどうかが問題となります。

それでは、どのような場合が「不可抗力」に当たるのかどうか、厚生労働省は「第一に、その原因が事業の外部より発生した事故であること、第二に、事業主が通常の経営者として最大の注意を尽くしてなお避けることのできない事故であること」とい

う２つの要件を示しています（同省労働基準局編「労働基準法」（上））。

このうち、二番目の要件はやや抽象的でわかりづらいという感じですが、同省は最近、さらに具体的な判断基準として、「平成30年７月豪雨による被害に伴う労働基準法や労働契約法に関するQ&A」（平成30年７月31日）というQ&A方式の一種の行政解釈を明らかにしています。

それによると、豪雨による休業について、２つのケースに分けて基本的な考え方を示しています。

一つは豪雨のため会社の施設や設備が直接被害を受け、休業せざるを得なくなったケースで、もう一つは会社の施設や設備自体には被害はなかったものの、豪雨による道路寸断で、配送等ができなくなり休業に追い込まれたケースです。

まず、会社の施設、設備が直接被害を受けた場合については、「休業の原因が事業主の関与の範囲外のものであり、事業主が通常の経営者として最大の注意を尽くしてもなお避けることのできない事故」に該当し、「原則として使用者の責に帰すべき事由による休業には該当しない」と明確に判断しています。

しかし、一方で、会社の施設、設備に被害がない場合は、逆に「原則として『使用者の責に帰すべき事由』による休業に該当する」との判断を示しました。ただし、上述の２つの要件を満たせば、例外的に「不可抗力」ということで「使用者の責に帰すべき事由」による休業にはならないとしています。

具体的には、取引先への依存の程度、輸送経路の状況、他の

代替手段の可能性、災害発生からの期間、使用者としての休業
回避のための具体的努力等を総合的に勘案し、判断することに
なります。

　ただ、こちらの方は、それらの要件をどの程度満たせばよい
のか判断が難しい面がありますので、トラブルを避けるため、
場合によっては、所轄の労働基準監督署に相談することも必要
でしょう。

インフルエンザで休ませると休業手当が必要か

Q51 インフルエンザ感染者の休業手当の支払いについてお伺いします。

最近は毎年、年末になるとインフルエンザが流行しています。

そこで、仮に社内の感染拡大防止のため、感染者を休業させた場合、労働基準法第26条の休業手当を支払わなければならないことになるのでしょうか。

・・・

A 医師の指示がある場合や自主的休業なら不要

まず、ご質問にあるインフルエンザについて簡単にご説明しますと、インフルエンザには季節性と新型の二種類があります。

季節性インフルエンザにはA、B、C型があり、風邪より感染力が強いとされています。流行は例年12月ごろから始まり1～2月ごろがピークですが、早い場合には、11月の上旬にはすでに始まってしまうというケースもあります。

これに対して、新型インフルエンザはA型が変異したもので、一般に国民が免疫を獲得していないため生命・健康に重大な影響を与える恐れがあるとされ、感染症法により感染拡大の防止措置などがとられることになります。

症状は季節性、新型ともに突然の高熱、咳、咽頭痛、倦怠感

に加え、鼻汁・鼻閉、頭痛等があり類似していますが、新型は下痢などの消化器症状が多い可能性を指摘されています。

　他方、このようなインフルエンザの感染者を休業させる場合に、労働基準法上問題となるのが休業手当を支払うべきかどうかということで、同法の第26条では、「使用者の責に帰すべき事由による休業の場合においては、使用者は、休業期間中当該労働者に、その平均賃金の100分の60以上の手当を支払わなければならない」と定めているところです。

　そこで、ご質問にあるインフルエンザと労働基準法第26条の休業手当の関係について、いくつかのケースを挙げてみていきたいと思います。

　まず、労働者がインフルエンザに感染し、高熱などの症状のため会社を自ら休業するということであれば、通常の病欠と同様の扱いとなり、休業手当の問題は生じません。

　次に、労働者が診察を受け、医師の指導により休業する場合は、通常は「使用者の責に帰すべき事由による休業」に該当しないと考えられますので、休業手当を支払う必要はありません。

　一方、たとえば、労働者がある程度熱が収まったとして、出社を強行しようとした場合などは問題となります。とはいえ、医師の診断により、まだ感染の恐れがあるとして会社を休むよう指導されていれば、それは「使用者の責に帰すべき事由による休業」とはいえないでしょうから、休業手当の必要はないと思われます。

　しかし、これに対し、医師の会社を休めとの指導がなく、本

人が、仕事がたまっているのでどうしても出社したいといってきた場合などは、会社は休業を命じることはできても、「使用者の責に帰すべき事由による休業」とされ、休業手当を支払わざるを得なくなるでしょう。

　一応、このようなケースが想定されますが、インフルエンザに関わる休業手当については、厚生労働省は明確な行政解釈を示していないため、様々なトラブルの発生も予想されるところです。

　したがって、まずはできるだけ話し合いにより、労働者には自主的に休んでもらうよう説得することが大切でしょう。会社によっては、年次有給休暇を使わせるところもあるようですが、使用者が一方的に取得を命じるのは問題です。

　また、インフルエンザは労働安全衛生法第68条に基づく就業禁止措置の対象にはなっていませんので、即就業禁止ということになりませんが、場合によっては、感染者以外の労働者に対する労働契約法上の安全配慮義務の問題が生じる恐れがあることに留意する必要があります。

派遣先の都合で派遣社員が休業、休業手当の支払いは

Q52　当社では、コンピューターオペレーターの派遣労働者を数人受け入れております。

先日、午前中にコンピューターが故障してしまい、午後の作業ができなくなってしまったので、派遣労働者全員を午前中で帰宅させるという事態が発生しました。

そこでご質問なのですが、この場合、派遣労働者に対して休業手当の支払いが必要なのでしょうか。また、必要な場合は、その費用は当社が持つのでしょうか。

A　休業手当は派遣先でなく派遣元が支払うことに

労働者が使用者の責に帰すべき事由によって休業する場合は、使用者は労働者に対し、平均賃金の6割以上の休業手当を支払わなければなりません（労働基準法第26条）。

この「使用者の責に帰すべき事由」とは、使用者の故意、過失または信義則上これと同視すべきものよりも広いとされていますが、不可抗力によるものまでは含まれません。

では、仮に休業手当の支払いが必要な場合、その費用は派遣先が持つのでしょうか、それとも派遣元が持つのでしょうか。

この場合、派遣先でなく、派遣元の企業に対して休業手当の支払い義務が課されます。

派遣先の都合で休業した場合でも、休業手当は派遣元が
支払うことになる

　というのは、休業手当を定めた労働基準法第26条については、
派遣元の使用者に適用されるからです。

　したがって、派遣元企業は休業の原因が不可抗力によるもの
であったことを主張し得ない限り、休業手当の支払い義務が課
されることになります。

　不可抗力であったか否かについては、その原因が、使用者が
通常の経営者として最大の注意を尽くしても、なお避けること
のできない事故であったかなどで判断されることになります。
また、通達でも、派遣先の事業場が、天災地変などの不可抗力
によって操業できないため、派遣されている労働者を当該派遣
先の事業場で就業させることができない場合であっても、それ
が使用者の責に帰すべき事由に該当しないとは必ずしもいえな

いとし、派遣元の使用者について当該労働者を他の事業場に派遣する可能性などを含めて判断し、その責に帰すべき事由に該当しないかどうかを判断するとしています（昭61・6・6　基発第333号）。

　このような観点から判断すると、ご質問のように、派遣先のコンピューターの故障で、派遣労働者を就業させることができなくなった場合について、派遣元の使用者は不可抗力を主張するのは困難と考えられますので、休業手当の支払いが必要となるといえるでしょう。

　なお、ご質問のように１日の所定労働時間の一部を休業した場合には、使用者は実稼働分の賃金が平均賃金の６割に達している場合には、休業手当の支払い義務は課せられません。６割に満たない場合は、その差額を支払えば足りることになります。

午前中で業務打ち切り、休業手当の計算は

Q53 当社では、事務所が手狭になったので、総務部門を都内の他の区のビルの一室を借り、そこへ移したのですが、この場合の休業手当を法律上どのように考えればよいのか教えてください。

移転に伴う作業は、引っ越し業者がすべて請け負ってくれますので、総務のスタッフは金曜日の午前中に身の回りの整理と机やロッカーなど大きな備品のレイアウトの指示を終えたところで業務を打ち切り、帰宅させました。

翌土曜日は半日勤務でもありますので、総務の人たちについては役職者だけを出勤させ、他は1日休業ということにしました。日曜日は休日で、月曜日から新事務所で業務を開始したのですが、法律上の休業手当は金曜日の午後から日曜日までの全休業期間中について支払いが必要となるのでしょうか。

また、金曜日については午前中は勤務に就いているわけですので、午後の勤務に対して支払われる賃金の100分の60の部分を午前中の賃金に加算して休業手当を計算する方法で構わないのでしょうか。

労働基準法上の解釈についてご指導ください。

A　その日について平均賃金の6割支給すれば足りる

　ご質問の休業手当は、使用者の責に帰すべき事由により休業する場合に、その休業期間中の労働者の生活を保護するため、労働基準法第26条で平均賃金の100分の60以上の額の支払いを使用者に義務付けているものです。

　ところで、民法第536条第2項は「債権者の責めに帰すべき事由によって債務を履行することができなくなったときは、債務者は反対給付を受ける権利を失わない」としていますので、民法上はこの場合、債務者たる労働者は反対給付として賃金の全額を債権者である使用者から受ける権利を有するということになります。しかし、この民法の規定は特約で効力を失わせることも可能なことから、労働基準法は最低保障として罰則つきで6割の支払いを使用者に課しているわけです。

　使用者の責に帰すべき事由というのは、「特別法、社会法としての同法の精神にかんがみ、また労働による賃金のみを唯一の生活の糧とする労働者に対してその最低生活の保障を期した同法の趣旨に徴すれば、……『使用者の責に帰すべき事由』とは民法のいう『債権者の責に帰すべき事由』……がきわめて狭義に解しているとその範囲を異にし、さらに広く使用者の管理上、経営上の責任、換言すれば企業経営者として不可抗力を主張し得ないすべての場合を含む」（宮崎農機製作所事件　昭26・1・30　宮崎地判）とされていて、この見解は判例、学説とも異論のないところです。

解釈例規も、親会社が経営難のため資材、資金の獲得に支障を来した下請工場の休業について、「使用者の責に帰すべき休業に該当する」（昭23・6・11　基収第1998号）としており、天災地変など明らかに不可抗力と認められる場合以外は、ご質問のケースをはじめ、ほとんど休業手当支払いの対象となってくるものと考えてよいでしょう。

　さて、ご質問は一部休業（一部労働）の場合と所定休日の場合における休業手当の取扱いに関する件ですが、貴社の総務スタッフのいずれもが欠勤など不就労があったときはまず、所定休日である日曜日につきましては、休業手当の支払義務は生じません。労働基準法第26条は、「使用者は、休業期間中当該労働者に」としていますので、休日も休業手当支払いの対象になるのではないかとの疑問を持たれたのでしょうが、休日は本来労働者において労務の提供義務、すなわち債務の履行が免除されている日ですので、もとより使用者に債務不履行の問題が生じる余地はないわけです。

　次に、金曜日の午前中勤務し午後休業した場合の休業手当ですが、この場合は現実に勤務した時間に対して支払われた賃金が、平均賃金の60パーセントに満たない場合についてのみ、その差額を支払えば同法第26条違反には問わない（昭27・8・7基収第3445号）とされています。つまり、仮にご質問の場合午前中の勤務に対して支払われた賃金が平均賃金の60パーセントを超えているときは、この日については別途休業手当を支払う義務は同法上生じないということです。

　としますと、この場合、使用者の休業したことによる債務不履行責任が、実稼働賃金の支払いで埋没してしまうという結果を招くことになりますが、前述したとおり民法上労働者は100パーセントの賃金請求権を持つことになりますので、特に労働基準法ではここまで使用者を拘束しているわけではありません。

　数字を挙げて、説明してみます。

　仮に、総務スタッフの1人の平均賃金が8,000円、時間当たり賃金が1,000円だとします。勤務は午前中の3時間で、午後5時間は休業したものとすれば、現実に勤務した時間に対して支払われる賃金は3,000円ということになります。この人の平均賃金の60パーセントは4,800円ですので、この場合は差額の1,800円を支給すれば足りるということになります。

　ですから、ご質問にありますように、午後の休業した5時間分に相応する賃金、すなわち5,000円の60パーセントである3,000円を休業手当として支払い、この日については現実に勤務した午前中の賃金の3,000円との合算額である6,000円を支払わなければならない義務は生じません。要するに、一部労務の提供があったとしても、結果としてその日について本人に平均賃金の60パーセントが支払われていれば、適法としているわけです。

　したがって、土曜日の休業についても、3時間勤務だからといって平均賃金の8分の3の60パーセントを支払えば足りるわけではなく、「1週間の中のある日の所定労働時間がたまたま短く定められていても、その日の休業手当は平均賃金の100分の60に相応する額を支払わなければならない」（昭27・8・7

基収第3445号）とされていますので、注意が必要でしょう。

　なお、労働基準法の規定が最低基準であること、あるいは民法の趣旨などを考えれば、貴社のケースでは勤務に就けるまでの間は労働義務を免除し、賃金を差し引かないのが望ましいことはいうまでもありません。

コロナウイルス感染症で高体温の従業員に 休業命令、休業手当は

Q54 　新型コロナウイルス感染症の関係で、一定の高体温がある従業員に休業を命じ、休業手当を支払うこととしました。労働基準法では、使用者の責に帰すべき休業であれば休業手当を支払う旨、第26条で定めていますが、今回のケースのような不可抗力の場合は必要ないと考えてよいのでしょうか。また、この「不可抗力」というのはどのような場合をいうのでしょうか。ご教示ください。

··

A 感染が確定しておらず使用者の自主的判断なら 不可抗力に当たらない

　休業手当に関して労働基準法第26条では「使用者の責に帰すべき事由による休業の場合においては、使用者は、休業期間中当該労働者に、その平均賃金の100分の60以上の手当を支払わなければならない」と定めています。つまり、使用者の責に帰すべき事由によって労働者が就業できなかった（休業した）場合には、その休業期間中は、使用者は労働者に対して、平均賃金の6割以上の休業手当を支払うべきこととしています。

　同条でいう「使用者の責に帰すべき事由」というのは、①使用者の故意、過失又は信義則上これと同視すべきものより広く、②不可抗力によるものは含まれないと解されています（厚生労働省労働基準局編「労働基準法」（上））。

また、ここで示されている「不可抗力」に関しては、①その原因が事業の外部より発生した事故であること、②事業主が通常の経営者として最大の注意を尽くしてなお避けることのできない事故であること、とされています（同上）。

　「不可抗力」と認められる例としては、台風や地震などの天災地変を原因として事業の継続が不可能となり、従業員を休業させるケースなどが考えられます。厚生労働省のホームページに掲載されているQ&A「新型コロナウイルスに関するQ&A（企業の方向け）」の「4　労働者を休ませる場合の措置」の中で、「不可抗力による場合の休業の場合は、使用者の責に帰すべき事由に当たらず、使用者に休業手当の支払義務はありません」とした上で、不可抗力について「①その原因が事業の外部より発生した事故であること、②事業主が通常の経営者として最大の注意を尽くしてもなお避けることのできない事故であることの2つの要件を満たすもの」と示しています。

　その上で「事業の休止に伴う休業」問5では、その判断基準として「当該取引先への依存の程度、他の代替手段の可能性、事業休止からの期間、使用者としての休業回避のための具体的努力等を総合的に勘案し、判断する必要があると考えられます」としています。

　さて、ご質問のケースですが、新型コロナウイルス感染症（以下、新型ウイルスと略）に関連して従業員に休業を命じた場合に、それは「不可抗力」に該当するのか否かという問題があります。

　新型ウイルスと休業の関係については、厚生労働省が公表し

ている「新型コロナウイルス感染症に関するQ&A（企業の方向け）」の中でも「休業させる場合の留意点」問1「新型コロナウイルスに関連して労働者を休業させる場合、どのようなことに気をつければよいでしょうか」に対して、「労働者を休業させる場合、欠勤中の賃金の取り扱いについては、労使で十分話し合っていただき、労使が協力して、労働者が安心して休暇を取得できる体制を整えていただくようお願いします」と述べています。

　また、「感染した方を休業させる場合」については「新型コロナウイルスに感染しており、都道府県知事が行う就業制限により労働者が休業する場合は、一般的には『使用者の責に帰すべき事由による休業』に該当しないと考えられますので、休業手当を支払う必要はありません」としています。

　ただし「…例えば、自宅勤務などの方法により労働者を業務に従事させることが可能な場合において、これを十分検討するなど休業の回避について通常使用者として行うべき最善の努力を尽くしていないと認められた場合には、『使用者の責に帰すべき事由による休業』に該当する場合があり、休業手当の支払が必要となることがあります」とも示されています。

　御社のケースは、あくまでも「一定の高体温を持つ従業員がいる」という状況であり、現段階で新型ウイルスに従業員が感染していることが確定しているわけではないと思われます。そのような「新型ウイルスへの感染が疑われる従業員がいる」場合について前出のQ&Aでは「発熱などのかぜ症状がある場合は、

仕事や学校を休んでいただき、外出やイベントなどへの参加は控えてください」と示すにとどめています。

　加えて同Q&Aでは、「新型コロナウイルスかどうか分からない時点で、発熱などの症状があるため労働者が自主的に休まれる場合は、通常の病欠と同様に取り扱っていただき、病気休暇制度を活用することなどが考えられます」とする一方、「例えば発熱などの症状があることのみをもって一律に労働者に休んでいただく措置をとる場合のように、使用者の自主的な判断で休業させる場合は、一般的には『使用者の責に帰すべき事由による休業』に当てはまり、休業手当を支払う必要があります」としています。

　したがって、発熱等の症状がある従業員に対し、大事をとって使用者の自主的な判断で休業させる場合は、一般的には「不可抗力」に当てはまらず、休業手当を支払う必要があると考えられるでしょう。

第7章

その他

賃金請求権の時効の取扱いが変わったそうだが

Q55　民法が改正され、消滅時効関係の規定が大幅に変わったそうですが、労働基準法上の賃金請求権の時効等の取扱いはどうなるのでしょうか。

....

A　５年に延長されたが、経過措置により３年に

　ご質問の賃金請求権の消滅時効については、もともと、改正前の民法では、第174条で「短期消滅時効」の１年としていました。

　しかし、民法の特別法である労働基準法は、１年のままでは労働者の保護に欠ける一方、一般債権と同じ10年では使用者にとって酷に過ぎ、取引安全に及ぼす影響も少なくないとして、第115条で、２年（退職金は５年）の消滅時効を定めたという経過があります。

　令和２年４月１日施行の改正民法では、「短期消滅時効」が廃止され、賃金請求権の消滅時効が一般債権と同じ扱いに統一されたため、労働基準法においても、それにあわせて改正されたものです。

　改正の内容は、まず、賃金請求権の消滅時効について、改正民法と同様に５年に延長するとともに、消滅時効の起算点が「客観的起算点（賃金支払日）」であることを明確にしました。

令和2年4月1日から
賃金請求権の
消滅時効は**5**年に！

でも当分の間、
消滅時効は**3**年
のまま！

直ちに長期間の消滅時効を定めることは労使の権利関係が不安定
になるとの理由で経過措置が

　ただし、消滅時効の5年については、直ちに長期間の消滅時効を定めることは、労使の権利関係を不安定にするおそれがあるとの理由で経過措置を設け、当分の間は3年としています。

　また、割増賃金未払い等に係る付加金の請求期間（労働基準法第114条）についても同様の扱いとされています。

　さらに、賃金台帳等の記録の保存期間については、賃金請求権の消滅時効期間と同様に5年とされましたが、3年の経過措置があるため、結局、現行の3年が維持されたかたちとなっています。

　このほか、退職手当（5年）、災害補償、年次有給休暇等（2年）の請求権は、現行の消滅時効期間のままとされました。

　なお、施行日は民法と同じ令和2年4月1日で、施行日以後

に賃金（退職手当を除く）の支払い日が到来する賃金請求権と、付加金の請求期間に当分の間3年の消滅時効が適用されています。

　この「当分の間」については、施行5年経過後の見直し検討規定が設けられていますので、最低でも令和7年3月31日までは3年のままということになります。

　消滅時効等5年（当面3年）の関係規定は以下の通りです。

《労働基準法第115条の対象となる賃金等請求権》

①金品の返還（第23条）、②賃金の支払い（第24条）、③非常時払い（第25条）、④休業手当（第26条）、⑤出来高払制の保障給（第27条）、⑥時間外、休日及び深夜の割増賃金（第37条第1項）、⑦年次有給休暇中の賃金（第39条第9項）、⑧未成年者の賃金請求権（第59条）

《労働基準法第114条の付加金の支払いの対象となる規定》

①解雇予告手当（第20条第1項）、②休業手当（第26条）、③時間外、休日及び深夜の割増賃金（第37条第1項）、④年次有給休暇中の賃金（第39条第9項）

7日間の無給の出勤停止は制限規定に違反か

Q56 先日、従業員の一人が勤務中、上司に対し暴力行為に及んだため、就業規則に従って7日間の出勤停止処分とするとともに、その間の賃金についても無給処分としました。これに対して、当人から「処分が重すぎ、労働基準法第91条の減給制裁の制限規定に違反している」とのクレームがついたのですが、本当にそうなのでしょうか。

A 就業規則による処分の結果であり、問題なし

　ご質問の処分を受けた当人が違反を主張している労働基準法第91条の減給制裁の制限規定は、「就業規則で、労働者に対して減給の制裁を定める場合においては、その減給は、1回の額が平均賃金の1日分の半額を超え、総額が1賃金支払期における賃金の総額の10分の1を超えてはならない」というものです。これは、懲戒処分の中でも、賃金を減額する制裁がともすれば、賃金を生活の拠りどころとする労働者の生活を脅かし過酷な結果になりがちなことから、一定の限度に制限するために設けられた条文とされています。

　このようなことからすると、ご質問の処分者のクレームももっともな感じがしないではありません。そこで、いったいどちらが正しいのということになるのですが、この点に関しては、ご

　質問の処分が就業規則に基づく出勤停止処分であり、その結果の無給処分であるということが大きなポイントとなります。

　厚生労働省の行政解釈によれば、こうしたケースについては、労働基準法制定当初から同法の前身ともいえる旧工場法の規定の関係でかなり問題となっており、制定直後の昭和23年にはすでに明確な判断が示されているところです。

　すなわち、「出勤停止の制裁が法第91条によって制限される場合は、実際上3日以上にわたる出勤停止は不可能となり、旧工場法による7日を限度とする従来の方針は、前述の3日を超える期間については賃金を支給するという変則な出勤停止を前提としない限り、踏襲不能となる。出勤停止と法第91条との関係如何（いかん）」という疑義に対し、当時の労働基準局長は、「就業規則に出勤停止及びその期間中の賃金を支払わない定めがある場合において、労働者がその出勤停止の制裁を受けるに至った場合、出勤停止中の賃金を受けられないことは、制裁としての出勤停止の当然の結果であって、通常の額以下の賃金を支給することを定める減給制裁に関する法第91条の規定には関係はない。但し、出勤停止の期間については公序良俗の見地より当該事犯の情状の程度等により制限のあるべきことは当然である」（昭23・7・3　基収第2177号）と答えています。

　したがって、ご質問の処分も、行政解釈で言うように、もともと御社の就業規則で定められている出勤停止処分であり、その結果としての無給処分であるわけですから、減給制裁の制限規定には当然違反せず、クレームそのものが間違いということ

になりますので、何ら問題はありません。

学生アルバイトの無断欠勤防止のための 罰金制は

Q57 　最近、学生アルバイトの無断欠勤に手を焼いています。

　お灸をすえる意味で、ペナルティーとして、無断欠勤1回について5千円の罰金を取ることにしたいと思いますが、何か問題があるでしょうか。

A 労基法上、 違約金・賠償予定の禁止規定に反し違法

　最初に、基本的なことをお話しすれば、学生アルバイトに限らず、従業員の欠勤や遅刻、早退、出勤停止などについて、労務に従事しなかった時間の限度で、賃金を支払わない、あるいは賃金をカットするということは、ノーワーク・ノーペイの原則に基づく当然の措置であって問題はありません。

　ところが、これに罰金等の制裁を加えるということになるとまったく事情が違ってきます。

　ご質問にある無断欠勤に罰金を科すという手法は、いわゆる社内過怠金制度や社内罰金制度等の一種といえます。

　たとえば、一般従業員の場合、労災事故等に関し、安全作業の意識付けのために、「不安全行動1回につき○百円」「安全帽未着用1回につき○百円」というような基準を設け、罰金制度を実施することが考えられます。学生アルバイトに対する「無

断欠勤1回につき5千円の罰金」というのも同様です。

　しかしながら、このような制度は労働基準法上問題とされています。つまり、従業員に過失責任がある事故等による損害に対して、その実損額の範囲内で一定の賠償を求めることはかまわないのですが、実損の発生の有無やその損害額にかかわらず、あらかじめ過怠金や罰金を定めておくことは同法の違約金及び賠償予定の禁止規定に違反してしまいます。

　すなわち、同法第16条では「使用者は、労働契約の不履行について違約金を定め、又は損害賠償額を予定する契約をしてはならない」としているからです。

　さらに、これらの過怠金・罰金分を賃金カットすれば、その結果として、同法第24条の「賃金全額払いの原則」に違反することにもなりかねません。

　そのほか、仮に就業規則にある懲戒処分の制度を使って、罰金相当の減給処分をするという手法も考えられないわけではありませんが、罰金と懲戒による減給処分ではそもそも法的な意味合いも違うわけで、そのような手法は到底認められないといわざるを得ません。

　しかも、就業規則を学生アルバイトにまで、すべてきちんと適用することを想定している企業もそうあるわけでもありませんし、無断欠勤したとはいえ、単なる学生アルバイトにそれほどの責任を求めることができるのか、ということもあります。

　人手不足に悩む企業としては、無断欠勤をする不届きな学生アルバイトでも当てにしなければならず、頭の痛いところでしょ

うが、ここはひとつ頭を切り替えることも必要でしょう。「休んだら賃金を差し引く」のではなく、むしろ、少しでも「真面目に出勤したら手当を出す」ということにして、皆勤手当や精勤手当のような奨励的な制度を設けることによる解決を考えたらいかがでしょうか。

臨検監督はどのようなタイミングで行われるのか

Q58 労働基準監督署の臨検監督については、最近は特に、サービス残業問題や過労死問題など、何かと話題になることが多いのですが、実際にはどのようなタイミングで行われるものなのでしょうか。

A 労基法等に基づく監督指導が目的で、抜き打ちが原則

最初に、臨検監督を行う労働基準監督官についてご説明します。

一般の国家公務員と違う特別の採用試験を受けて任官される労働基準監督官は、海上保安官や麻薬取締官と同じ特別司法警察職員でもあります。

被疑者を逮捕・送検する権限を持ち、かつてはマスコミ報道で労働Gメンと呼ばれることもありました。刑事犯の場合と違い、実際にはあまり使われることはありませんが、都道府県労働局には手錠も保管されているということです。

この労働基準監督官が監督指導のために事業場に立ち入るのが臨検であり、臨検監督ともいわれています。

ところで、特別司法警察職員としての労働基準監督官は、実は非常に強い権限を持っています。一般司法警察職員である警察官が令状がなければ強制捜査はできないということは、皆さんも、刑事もののテレビドラマや小説などを通じてよくご存じ

予告なしの臨検

強制捜査権

労働基準監督官

使用者

特別司法警察職員

労働者等からの申告に基づく場合と
労基署が主体的に監督対象事業場を選定して行う場合が

だと思います。

　ところが、労働基準法や労働安全衛生法などでは、法令に基づく行政指導という目的に限っては、予告なしに事業場に立ち入ることができる強い権限を労働基準監督官に与えています。

　さらに、臨検に当たっては、関係帳簿書類の確認や、関係労働者への尋問ができることとされています（労働基準法第101条、最低賃金法第32条、労働安全衛生法第91条など）。そして、この臨検を拒めば、拒んだ行為そのものが罰せられることになります。たとえば、労働基準法第120条では30万円以下の罰金、労働安全衛生法第120条では50万円以下の罰金、最低賃金法第41条では30万円以下の罰金となっています。

　それでは、どのような場合に臨検監督が行われるかというと、

大きく分けて労働者等からの申告に基づく場合と、労働基準監督署が主体的に監督対象事業場を選定して行う場合の2つがあります。

申告による場合は、事業場にその旨を伝えることになりますが、申告した労働者に対する不利益な取扱いは禁止されています（労働基準法第104条第2項など）。

また、労働者が氏名開示に同意しなかった場合には、匿名の情報があったことだけが伝えられます。

なお、申告でもサービス残業など同僚労働者も対象となるような事案では、実態調査を行う必要があるため、事業場に臨検するのが原則ですが、解雇など個人の権利救済にとどまる事案では使用者などの出頭という形になる場合もあるようです。

一方、労働基準監督署が主体的に対象事業場を選定する場合については、そもそも臨検そのものが実施の有無も含めいっさい公開されていませんので不明です。原則抜き打ちということになっていますが、実状としては、労働基準監督官は全国で2千人ぐらいしかおりませんので、とてもすべての事業場を回りきるというわけにはいかないようです。

ただし、事故の発生等で、過重労働など重大な労働基準法違反が見つかれば、当然、同業他社は大丈夫か、ということで、臨検監督が行われることにもなりますので要注意です。

賃上げは必ず毎年やらなければいけないのか

Q59 このところ春闘シーズンには毎年、政府・日銀がデフレ対策と称して、企業に賃金引き上げを盛んに呼び掛けています。しかし、弊社のような中小企業ではそう簡単には事情が許しません。

そこで、お聞きしたいのですが、法的に、賃上げは毎年必ずやらなければいけないことになっているのですか。

A 就業規則で引上げ等が
具体的に規定されていれば必要に

最初に、法律的なことをいえば、答えはイエスでありノーでもあります。要は、労働契約である就業規則等でどのように定められているかということです。

ご存知のように、賃上げ、つまり昇給については労働基準法の第89条で、就業規則の絶対的必要記載事項とされていますので、皆さんの会社の就業規則には必ず記載があるはずですが、どのような表記になっているかで違ってきます。昇給率や引上げ金額等の具体的な基準が明記されていれば、法的義務が生じることになり、賃上げ・昇給は必ずしなければなりません。

たとえば、「会社は、毎年4月より基本給を○％（○○円）引き上げるものとする」などと定めてあり、金額を確定できる場合です。これまでの裁判例などにより、昇給の要件、基準等

に従い金額が確定すると、労働者に賃金支払い請求権が生じる
と解されているからです。

　これを凍結し、賃上げをしないようにするには、就業規則等
を変更し、昇給規定を廃止するか、「第○条の昇給は当分行わ
ない」というような附則を加える必要があります。

　会社がこうした手続がないまま昇給をせず、昇給額を支払わ
ないと労働基準法第24条違反の賃金不払いということになって
しまいます。

　一方、就業規則で、ただ単に「毎年４月に定期昇給を行う」
あるいは「昇給は、毎年１回、原則として４月１日に、本人の
年齢、勤務年数、能力、勤務成績その他を総合的に勘案して行
う」としているような場合があります。

　一般的には多くの事業場、とくに中小企業ではモデル就業規
則などを参考に、こうした決め方をしているケースが多いと思
われます。これであれば、金額は確定されていませんので、抽
象的な義務にとどまり、実質的な義務はなく、賃上げ・昇給を
しなくてもかまいません。

　もう一つ多いのが「会社は、毎年４月に昇給を行うことがあ
る」というような決め方で、こうした場合には、さらに単なる
努力義務にとどまり、抽象的な義務にもならないということに
なります。

　このほか、「ただし、会社の業績の著しい低下その他やむを
得ない事由のあるときは、昇給の時期を変更し、または昇給を
行わないことがある」というようなただし書きが付いている場

合がありますが、これはこれで、そのような契約内容の昇給制度ということになりますから、経営不振に陥ったようなときは、賃上げ・昇給の延期・中止は可能ということになります。

　ただし、最初に挙げた、金額が確定されており、昇給が義務付けられているような事業場では、昇給ができない会社の状況の具体的・詳細な説明は当然必要でしょう。

　最後に、法律的な問題とは別な意味として、賃金引上げ・昇給は勤労意欲の向上や人材確保などのためにも、財政状況が許せばその範囲で実施するのが望ましいことはいうまでもないでしょう。

いったん同意した退職金の減額が覆される判決が出たが

Q60 　退職金の減額にいったん同意した社員が後になってそれを撤回し、満額請求の訴えを起こした裁判で、一審、二審とも会社が勝訴していたのに、最高裁が会社側の説明不足を理由に審理のやり直しを命じたという新聞記事を見ました。

　労働条件の不利益変更ということでしょうが、労働者の同意があれば変更可能なはずなのに、後で撤回したからといって認められるのでしょうか。

. . . .

A 重大な不利益変更には 具体的かつ十分な説明と同意が必要

　最初に基本的なことをお話しすると、賃金や退職金などの労働条件については、変更することはもちろん可能です。しかし、その結果、労働条件が低下する場合には、不利益変更ということで、労働者の同意が必要となります。

　また、労働者の同意がない場合でも、労働契約法第10条によれば、労働条件を定めた就業規則について、①労働者の受ける不利益の程度、②労働条件の変更の必要性、③変更後の就業規則の内容の相当性、④労働組合等との交渉の状況、⑤その他の就業規則の変更に係る事情——に、合理的な理由があれば変更が可能とされています。最高裁の有名な秋北バス事件の判決で

も「当該規則条項が合理的なものであるかぎり、個々の労働者においてこれに同意しないことを理由として、その適用を拒否することは許されない」（昭43・12・25　最大判）としています。

ところで、ご質問にある事件は山梨県内の信用組合の元職員12人が他の信用組合と合併後、退職金を大幅に減額されたのは不当だとして、合併前の基準による総額約8千万円の支払いを求めたものです。一審、二審とも、退職金を大幅に減らす内規変更の同意書に署名押印があるとして請求が棄却されたため、元職員らが上告しました。

最高裁は「賃金や退職金を不利益変更する場合は、事前に内容を具体的に説明して同意を得る必要がある」として信組側の説明が十分であったかどうかを審理させるために、高裁に差し戻したというものです。

いったん同意しているというのになぜ、というところですが、おそらく、退職金の大幅減額という労働者の受ける不利益の程度が、労働条件変更の必要性等に比べ明らかに大きいと判断されたものと思われます。

やはり、退職金の多寡は当人の老後の人生設計に重要な影響を与えることになるわけで、それなりの納得性が必要だということでしょう。後になって同意を撤回したということは、結局納得していなかったということになります。

最近の最高裁判決で、妊娠を理由にした降格のケースですが、似たような例がありました。この事件はマタハラ事件として話題になりましたが、病院の管理職である副主任の女性がいった

んは降格を了解していたというものでした。

　これに対し、判決は降格などの労働条件の不利益変更に当たっては本人の承諾という外形だけでなく、変更の影響について、事業者から適切な説明を受けて十分に理解して決めたかどうかが肝心だと指摘しました。

　この場合も、最高裁は、管理職の地位と手当を失うという本人の将来にとって重大な影響のある身分の変更なのに、育児休業から職場復帰する際の副主任に戻れる可能性などをきちんと説明したのか、という点を問題視し、女性が真に降格を受け入れたのか疑わしいとしました。

　つまり、多少の労働条件の低下ならまだしも、労働者各人にとって重大な低下を招くような不利益変更はより慎重にきめ細かく説明し、くれぐれも後になって翻意されるようなことのないよう万全を期さなければならないということです。

新版 労働基準法実務問答 第1集
〜働き方改革と感染症による休業手当Q&A〜

令和2年10月30日　　初版発行

　　編　者　　労働調査会出版局
　　発行人　　藤澤　直明
　　発行所　　労働調査会
　　　　　　　〒170-0004 東京都豊島区北大塚2-4-5
　　　　　　　TEL　03-3915-6401
　　　　　　　FAX　03-3918-8618
　　　　　　　http://www.chosakai.co.jp/

　　ISBN978-4-86319-820-3　C2032